BUDISMO

MADHU BAZAZ WANGU

PLUTÓN EDICIONES, 2025

Diseño y maquetación: Saul Rojas Blonval

Traducción: Isobel Richardson

Edita: Plutón Ediciones X, s. l.,

E-mail: contacto@plutonediciones.com
http://www.plutonediciones.com

I.S.B.N: 978-84-10233-72-0
Depósito Legal: B-19932-2024

Impreso en China / Printed in China

Prefacio

El budismo es una de las religiones más antiguas e importantes del mundo. Nacida hace más de 2500 años, esta religión vivió una gran evolución tras la experiencia y ascensión a Buda de Siddhartha Gautama. Él, con sus enseñanzas, logró difundir los valores de esta religión que, a día de hoy, ha llegado a conquistar a miles de personas en todo el mundo.

En este libro, el lector encontrará la historia y el desarrollo de esta religión, así como de su máximo exponente: Siddhartha Gautama, aquel que dejó su vida de lado para dedicarse en cuerpo y alma a ella. Su palabra ha viajado a todos los rincones del mundo y no es de extrañar que haya arraigado más en los países asiáticos, pues fueron los primeros en entrar en contacto con ella. Las páginas de este libro son un viaje al pasado, a la iluminación que envuelve a esta religión tan antigua y a los valores a los que hace honor y que trata de propagar, siempre con palabras y jamás por la fuerza, pues el budismo no busca someter a nadie, si no hacer consciente a la gente de que existe y de que cualquiera puede unirse si es su deseo.

Además, el libro se acompaña de diversas imágenes que ilustran mejor las palabras aquí escritas y que sirven para dar una visión más específica y concreta a quien se adentre él.

BUDISMO

Capítulo I
Introducción
El moderno mundo budista

Actualmente hay en el mundo unos 300 millones de budistas, lo cual sitúa al budismo en cuarto lugar entre las grandes religiones del mundo. Sin embargo, la influencia del budismo es todavía mayor que la que se desprende de su número de adeptos. Desde el tiempo en que Siddhartha Gautama —conocido como *el Buda*— predicó por primera vez su doctrina hace unos 2.500 años, el budismo se ha extendido por todo el continente asiático a partir de la India, su tierra de origen, y ha producido un significativo y duradero impacto no solo en la India, sino también en China, Japón, Corea, Tailandia, Tíbet y otras naciones asiáticas.

Hoy, el budismo es la religión mayoritaria en Japón, Tíbet, Laos, Myanmar (Birmania), Singapur, Sri Lanka (Ceilán), Taiwán, Tailandia, Camboya, Bután y Vietnam. Aunque China, la nación más poblada del mundo, es oficialmente atea, una notable minoría de sus habitantes se mantienen fieles a las creencias budistas. Hay otra parte compuesta por millones de chinos que, si bien no lo practican, se hallan influidos por los aspectos culturales del budismo.

El budismo no es exclusivo de Asia. En el siglo pasado obtuvo adeptos y admiradores en Europa y en los Estados Unidos. De hecho, la mayoría de los habitantes de Hawái, uno de los Estados de la Unión, son budistas.

Todos los países en los que el budismo ejerció su influencia se enriquecieron cultural y artísticamente. En Asia, la imagen del Buda aparece en colosales estatuas, en delicadas figurillas y en infinidad de estilos artísticos. Las escenas de la vida de Buda son tan importantes en Asia como la historia de Jesucristo en el arte occidental.

¿QUÉ ES EL BUDISMO?

El budismo es un sendero que conduce al descubrimiento del espíritu. Su fundador, Siddhartha Gautama, examinaba las afecciones humanas como un médico. Encontró enfermedad, decadencia y muerte. No ignoraba que también existían la alegría y el placer, pero sabía que estos no eran duraderos. Todo en la vida era transitorio o temporal. Incluso en el placer, el conocimiento de su imperdurabilidad y la muerte eran causa de sufrimiento.

Dado su origen indio, Siddhartha no creía que la muerte fuera la solución final del sufrimiento. En la tradición religiosa india, las almas se reencarnan en nuevos cuerpos después de la muerte; y el ciclo de nacimiento, muerte y reencarnación sigue indefinidamente. Todos los seres vivientes se hallan atrapados en este ciclo, por lo que Siddhartha se esforzó en encontrar un camino para salir de esa rueda sin fin de reencarnaciones.

Siddhartha dedicó su vida a meditar sobre este problema. Renunció a todos sus bienes y practicó una intensa meditación hasta que encontró una respuesta. En el momento de su percepción se convirtió en el *buddha*, o Buda, un título que significa "el iluminado" o "el que ha despertado".

El Buda diagnosticó que la causa del sufrimiento era el deseo humano en todas sus formas. Por tanto, su "tratamiento" o solución era la de eliminar el deseo con "buenos pensamientos y buenas acciones". Esto podía conseguirse siguiendo el Camino Óctuple, el cual consistía en un código ético de ocho fases. Las primeras fases de este método eran guías para comportarse bondadosamente con todas las cosas vivientes. Las fases avanzadas eran más complejas y requerían mucha meditación y disciplina.

La verdad o ley del budismo se conoce como *Dharma*. Y de ahí que el *buddhadharma* sea el nombre de la religión en Asia. También se la llama "el Camino Medio". El Buda exhortó a los seguidores del Dharma a que evitaran comportamientos extremos, tales como una abnegación demasiado severa o, en el otro extremo, una egoísta adicción al placer. "Evitad", decía, "estos dos extremos: la adicción a los placeres de los sentidos, lo cual es bajo y vulgar, y la adicción a la automortificación, lo cual es penoso. Ninguna de estas cosas es provechosas".

Durante su vida, el Buda instituyó su técnica fundando el *Sangha*. El Sangha es la comunidad de monjes y monjas que practican la religión y la enseñan a los demás. Hoy, los miembros del Sangha representan el vínculo viviente con el fundador de su religión.

Cuando uno sigue correctamente el Camino Óctuple llega, a su tiempo, al *Nirvana*, término difícil de definir. Los budistas dicen que no puede ser descrito con palabras. No es el cielo del cristianismo ni el del islam. En sánscrito, un antiguo idioma indio, Nirvana significa "apagar" (como se apaga una llama soplando). Lo que se borra es el odio, la codicia y el engaño.

Visto de otra manera, el Nirvana es la pérdida del ego o "Yo", un estado que termina con el trance de sufrimiento y dolor cuando los seres humanos viajan de una vida a otra. La palabra "nirvana" también implica "expansión sin límites", que puede ser definido como entrar a formar parte del universo. Fue el Nirvana lo que consiguió Siddhartha cuando se convirtió en Buda.

En lo que respecta a procurar el bienestar de la humanidad, el budismo es igual a otras religiones y lo hace extensivo a todos los seres vivientes. Dentro del proceso a seguir para alcanzar el Nirvana, enseña un código altamente ético. Pide a sus seguidores que se abstengan de quitar la vida a cualquier ser; no mentir, engañar ni robar, y tratar a los demás con bondad. "El odio no cesa nunca odiando", dijo el Buda. "El odio cesa con el amor".

Sin embargo, el budismo es distinto a otras religiones en aspectos muy particulares. No habla de ningún Ser Supremo, dado que el Buda era agnóstico. El budismo no tiene un simple credo que sus adeptos deban abrazar. Al contrario de las religiones monoteístas, no exige a sus practicantes una fidelidad exclusiva. No hay contrapartida a la disciplina judeocristiana: "No tendrás otro dios fuera de mí". Tampoco hay ceremonias o ritos que el budista deba practicar (aunque han desarrollado varias y diferentes corrientes de la religión). La llamada del budismo se ha basado únicamente en el mensaje de su fundador y en su flexibilidad para adaptarse a diferentes culturas y filosofías.

La gran variedad del budismo

Al igual que Cristo y Mahoma, fundadores del cristianismo y del islam, respectivamente, el Buda nunca escribió sus enseñanzas. Sus discípulos memorizaron las palabras, y sus seguidores transmitieron oralmente la tradición. El primer texto completo de la doctrina del Buda no se escribió hasta 500 años después de su muerte.

Por entonces, el budismo se había dividido ya en dos grandes corrientes: el budismo *theravada* y el budismo *mahayana*. En general, los practicantes del Theravada seguían más fielmente las enseñanzas del Buda histórico, mientras que los del Mahayana hicieron una adaptación más libre de la doctrina.

En términos generales, el budismo theravada se practica hoy en la franja sur de Asia: Sri Lanka (Ceilán), Myanmar (Birmania), Tailandia, Camboya, Laos y algunas partes de Malasia. El budismo mahayana se extiende hacia el Norte y el Este, a partir de la India, llegando hasta China, Tíbet, Vietnam, Corea y Japón.

El budismo no se expandió nunca utilizando ejércitos ni forzando a los incrédulos a su conversión. De hecho, a lo largo de los siglos, el budismo mahayana ha coexistido fácilmente con otras religiones y tradiciones. Esta actitud es radicalmente distinta de las religiones monoteístas occidentales, pero es del todo coherente con el concepto asiático de la religión. En Asia, una verdad no tiene por qué suplantar o desplazar a otra. El budismo ofreció un camino a la salvación que las personas pueden seguir sin abandonar sus propias tradiciones. Con frecuencia, el budismo ha adoptado y adaptado nuevas formas y costumbres de religiones existentes.

En China, por ejemplo, el budismo se convirtió en una de las "Tres Grandes Verdades". Las otras dos eran el confucianismo y el taoísmo. Durante siglos, la población china siguió todas estas "verdades" sin ver en ello contradicción alguna.

Los misioneros de China introdujeron el budismo en Corea, y de allí pasó a Japón. Los japoneses, haciendo gala de su ingenio para introducir cosas extranjeras en sus tradiciones genuinamente niponas, asimilaron el budismo en su cultura. La mayoría de japoneses siguen hoy las prácticas del budismo junto con las del sintoísmo, la antigua creencia japonesa en *kami* o espíritus de la naturaleza.

Como resultado de su tolerante tradición, el budismo despliega hoy una gran variedad de prácticas y costumbres. En Tailandia, durante la estación de las lluvias, que empieza en el mes de julio, los niños hacen velas en las escuelas para donarlas al templo budista de la localidad y lo celebran con canciones y danzas. En Sri Lanka, los monjes budistas recorren las calles todos los años conduciendo un elefante que lleva una de las más sagradas reliquias budistas: un diente auténtico del Buda. En el Tíbet, los guías espirituales, llamados *lamas*, se reúnen alrededor de los moribundos y recitan textos para ayudarles a alcanzar el máximo nivel de existencia. En Corea, cada mes de abril, las tiendas y las casas se adornan con farolillos de papel al paso de procesiones llenas de colorido en conmemoración del nacimiento del Buda. En Japón, mucha gente recita diariamente la frase: "Yo invoco al Buda Amida". Todos estos pueblos rinden homenaje al Buda.

El mensaje del budismo tiene su propio significado en cada uno de los diferentes niveles intelectuales. Puede ser muy simple o complicado. Para la persona cuya preocupación diaria es la manera de ganarse el sustento, ofrece un mensaje moral de compasión, honestidad y autocontrol. Su llamada es tan grande para un médico del Japón industrial como para los agricultores de las comunidades rurales del sudeste asiático. Además, puede sentar las bases para el pensamiento y la meditación.

Hoy, los miembros del Sangha todavía enseñan y persiguen la meta de la *iluminación*. Hombres y mujeres se ponen la vestimenta de monje o monja budistas e ingresan en los monasterios. Gran parte de su tiempo lo dedican a recitar juntos las escrituras del budismo o a la meditación solitaria sobre las verdades de la religión. Su existencia depende de los donativos de los fieles. Algunos salen a las calles con unos cuencos y otros reciben aquellos en el monasterio, ya sea en forma de comida, o de dinero.

Al igual que el budismo en sí mismo, la vida de un monje o monja es flexible. Algunas personas ingresan en el monasterio de niños y permanecen allí toda la vida. Otros entran en la vida monástica por un tiempo determinado y luego vuelven a su mundo de origen. Nada de ello es mal visto, ya que se han ganado el mérito por el tiempo que han permanecido allí en completa devoción al modo budista. En los países del Sudeste Asiático, es una costumbre muy común entre las personas laicas —como prósperos comerciantes o artesanos— ingresar en un monasterio y permanecer en él durante la estación de las lluvias para luego volver a su trabajo.

Entre las diversas modalidades y prácticas de la religión, una de las pocas cosas en que todos están de acuerdo es que un budista se "refugie" en las Tres Joyas. Estas son el Buda, el Dharma y el Sangha. En efecto, muchos budistas recitan la frase "Yo me refugio en el Buda, yo me refugio en el Dharma, yo me refugio en el Sangha", como plegaria diaria. Cuando los budistas hablan de refugio, quieren decir que toman el camino que conduce al final del sufrimiento: el Nirvana. Un proverbio tibetano resume así las Tres Joyas: "El Buda es el gran médico; el Dharma es el remedio; el Sangha es la enfermera que suministra el remedio".

La llamada universal del budismo

La llamada del budismo es universal. Reconoce el sufrimiento que soportan todos los pueblos y les abre un camino para superarlo. Cualquiera puede practicarlo, pues el Buda dijo: "Mi doctrina no hace distinción entre alto o bajo, ni entre rico o pobre; es como el espacio, donde hay lugar para todos; como el agua, que los lava a todos por igual".

Aunque sus raíces se encuentran en Asia, como fe viviente que es, el budismo continúa atrayendo seguidores de todas las partes del mundo. En Gran Bretaña, por ejemplo, el budismo es hoy la religión que crece más rápidamente.

El Dharma del Buda ha pasado la prueba del tiempo. Es práctico, ya que propone una acción específica y estimula el esfuerzo individual. El Buda dijo que él podía solamente señalar el sendero. Cada individuo debe seguir el Camino Óctuple por sí mismo. "Mira dentro de ti", decía a sus seguidores, "tú eres el Buda".

Capítulo II
La vida del Buda

El príncipe Siddhartha Gautama, quien sería conocido más tarde como el Buda, nació alrededor del año 563 a. de C. Su lugar de nacimiento fue la ciudad de Kapilavastu, perteneciente hoy al Nepal. Siddhartha era hijo de Shuddhodana, el jefe (a veces llamado rajá o rey) de los sakyas. De ahí el título de Sakyamuni, o "sabio de los sakyas", por el cual Siddhartha fue conocido más tarde.

No hay duda alguna de que Siddhartha existió realmente. Unos 250 años después de su muerte, un emperador indio erigió columnas de piedra con inscripciones en los lugares que tuvieron algún significado especial en la vida y las enseñanzas de Siddhartha. Estos monumentos se consideran registros históricos creíbles.

Además, los detalles de la vida del Buda, como se recalca en este capítulo, provienen de una tradición oral iniciada por aquellos que realmente le vieron y le conocieron. Estos detalles no se escribieron hasta pasados unos 500 años de su muerte. Contienen elementos milagrosos que los budistas aceptan como verdad histórica. Los que estudian la historia de las religiones pueden verlos de igual manera que los milagros de Cristo y su resurrección, la recepción de los mandamientos de Dios por Moisés o las revelaciones del arcángel Gabriel al profeta Mahoma.

De acuerdo con la tradición budista, la madre de Siddhartha, la reina Maya, fue una mujer "de forma perfecta, con trenzas negras, valiente y llena de gracia y virtud". Un día se vio invadida por un gran sentimiento de paz y alegría. Aquella noche, mientras dormía, tuvo un sueño maravilloso: un elefante de seis colmillos, con una flor de loto en la trompa, tocó su lado derecho. En aquel momento, su hijo fue milagrosamente concebido.

Cuando la reina habló del sueño a su esposo, este llamó a unos brahmanes, hombres sabios, para que lo interpretaran. Y los brahmanes predijeron que el hijo sería el rey más grande del mundo, o bien el más grande asceta, hombre sagrado que practica la abnegación. Su nombre sería Siddhartha, que significa "aquel cuyo objetivo se ha cumplido". Acompañada de danzarinas y guardias, la reina Maya fue a casa de su padre para prepararse para el parto. Cuando bajó de su carroza en los jardines de Lumbini, se detuvo a descansar, agarrándose a la rama de un árbol.

La leyenda dice que, en aquel momento, el Buda emergió de su lado derecho. Sin ayuda alguna, el infante caminó siete pasos en la dirección de cada uno de los cuatro puntos cardinales. En las huellas de sus pisadas brotaron de la tierra flores de loto. El infante milagroso anunció: "No tendré que soportar más nacimientos, ya que este es mi último cuerpo. Ahora voy a cortar de raíz el dolor que causan el nacimiento y la muerte".

Siete días después del portentoso nacimiento, la reina Maya murió. Entonces la hermana de esta, Mahaprajapati, cuidó de Siddhartha.

La gran renuncia

La predicción de los eruditos había molestado al rey Shuddhodana, padre de Siddhartha. Desde el nacimiento de su hijo, Shuddhodana trató de educarlo para que un día ocupara el trono. Le facilitaba toda clase de placeres y le concedía todos sus deseos. Siddhartha nunca había experimentado ninguna clase de sufrimiento o apuro. Ni siquiera conocía su existencia. Cuando salía del palacio, la guardia real marchaba delante de su carroza despejando las calles de cualquier cosa que pudiera resultarle molesta o desagradable.

Un sacerdote brahmán instruyó a Siddhartha acerca de las tareas de gobierno, preparándolo escrupulosamente para gobernar. Siddhartha aprendió también las artes de la guerra: cómo luchar con un sable y lanzar una flecha con su arco. El joven era fuerte y sano. Su bello aspecto físico y su espíritu alegre le hicieron ganar muchos amigos. Todos sus compañeros eran hijos de los oficiales de la corte.

Cuando Siddhartha tenía aproximadamente veinte años, contrajo matrimonio con Yasodhara, la hija de uno de los ministros del rey. La fiesta de la boda duró muchos días y se distribuyeron regalos al pueblo con motivo del acontecimiento. Al cabo de un año, Yashodhara tuvo un hijo de Siddhartha, llamado Rahula, palabra que significa "grillete" o "estorbo".

El rey Shuddhodana se mostraba complacido, pues había facilitado a su hijo todo cuanto necesitaba para que fuera feliz en su vida y pudiera convertirse en un gran rey. Pasaron algunos años, durante los cuales Siddhartha vivió en el palacio con su esposa y su hijo, gozando de todos los placeres propios de la realeza.

Una vez, cuando ya tenía veintinueve años, Siddhartha pidió a su cochero, Channa, que le llevara a dar un paseo sin consentimiento del rey. Mientras recorría la ciudad, el príncipe vio tres cosas que para él eran una novedad. Una era un viejo, otra un enfermo sufriendo, y la otra, un cuerpo rodeado de personas llorando. Siddhartha pidió a Channa que le explicara el significado de aquellas extrañas escenas. Channa le respondió que la vejez, la enfermedad y la muerte eran cosas naturales e inevitables para todas las personas, y que, por tanto, había que soportarlas.

Conmovido, Siddhartha regresó al palacio y se puso a pensar en lo que había visto. Por primera vez se había enfrentado con la realidad de la vida. "Todo es transitorio; nada es permanente en este mundo... Sabiendo esto, no puedo encontrar deleite en nada... ¿Cómo puede un hombre, que sabe que la muerte es inevitable, sentir todavía placer en su corazón, gozar del mundo de los sentidos y no llorar ante este grave riesgo?".

Nuevamente, Siddhartha pidió a Channa que le llevara a la ciudad. Esta vez vio la última de las "cuatro visiones" que cambiaron su vida. Se trataba de un hombre sagrado vagando por la ciudad; un asceta, sin posesiones de ninguna clase. El hombre se había afeitado la cabeza, iba vestido solamente con un andrajo amarillo y llevaba un bastón. Siddhartha detuvo su carroza e interrogó al hombre. El asceta le dijo al príncipe: "Estoy... aterrado por el nacimiento y la muerte y, por tanto, he adoptado una vida sin casa para ganar mi salvación... Busco el estado más bienaventurado en el que el sufrimiento, la vejez y la muerte sean desconocidos".

Aquella misma noche, Siddhartha decidió renunciar a la vida de placer que llevaba en el palacio. Besó silenciosamente a su esposa cuando esta estaba durmiendo, así como a su hijo, y ordenó a Channa que le condujera fuera de la ciudad. La leyenda dice que unos seres celestiales mantuvieron levantados los cascos de los caballos para que su ruido no despertara a los guardias. Al llegar junto al bosque, Siddhartha cogió su enjoyado sable, se cortó el cabello y la barba, se deshizo de las vestiduras de príncipe y se puso una túnica amarilla de hombre sagrado. Luego mandó a Channa que devolviera sus posesiones a su padre.

EL GRAN RETIRO

Siddhartha vagó por el noreste de la India en busca de hombres sagrados que le enseñaran las antiguas técnicas indias de meditación. Pero su principal reto era el de encontrar la respuesta al problema del sufrimiento. Quería saber por qué la gente sufría, y cómo podría cesar este sufrimiento.

Siddhartha estudió las enseñanzas del hinduismo, la vieja religión de la India. Estaba mayormente influido por el *samsara.* El Samsara es la creencia de que, después de la muerte, la esencia más recóndita de una persona, o alma, transmigra a un nuevo cuerpo. Vuelve a nacer. Hay otro nombre para este proceso, que es la reencarnación.

Cuando un alma renace, puede entrar en un cuerpo de mayor o menor estado de existencia que el anterior. El nuevo cuerpo puede ser el de un rey, de un rufián, o incluso de un animal o insecto. El factor determinante de una nueva existencia del alma es la calidad de vida llevada por el alma del individuo en su existencia anterior. Esto se llama la ley del *karma.* Dicho de una manera más simple, el karma es el conjunto de pensamientos, palabras y actos del individuo en sus existencias pasadas. Si el karma ha sido bueno, el alma renacerá en un estado más alto. Por el contrario, si el karma ha sido malo, el alma es castigada (paga un "precio kármico") renaciendo en un estado más precario. El sufrimiento humano, por tanto, es el resultado del mal karma que una persona ha acumulado en una vida anterior.

La ley del karma tenía también implicaciones sociales. La sociedad india estaba estrictamente dividida en castas o clases. En la cúspide se hallaban los brahmanes (sacerdotes y maestros religiosos). La segunda casta la componían los guerreros y los gobernantes. Era dentro de esta casta donde nació Siddhartha. Las castas tercera y cuarta correspondían a los comerciantes y trabajadores (obreros, artesanos, agricultores, etc.). Y en el nivel inferior estaban las personas que se hallaban por debajo de las otras cuatro, o sea, literalmente fuera de casta, y cuya posición social en la vida los hacía impuros.

En el curso de una vida, era imposible ascender dentro del sistema de castas. Por ley y tradición, los miembros de cada una de las castas estaban estrictamente separados de las otras. No podían casarse dos personas de castas distintas, ni comer juntas o tener el mínimo contacto físico una con otra. Si una persona violaba las reglas del sistema, tenía que someterse a unos rituales de purificación. La única forma de ascender de casta era acumular buen karma y renacer en una casta superior.

Algunos hindúes creían que el samsara —este proceso de vida, muerte y reencarnación— era una cadena sin fin de existencia y continuaría indefinidamente, de una vida a otra. Sin embargo, ya en los tiempos en que vivía Siddhartha, se habían llevado a cabo nuevos estudios que dieron origen a unas escrituras llamadas *Upanishad*. Los maestros especializados en estos libros desarrollaron la idea del *moksha*, o liberación. Llevando una vida altamente espiritual (o varias vidas), un alma podía reunirse con Brahmán, la realidad suprema, rompiéndose el ciclo del Samsara.

Atraído por esta idea, Siddhartha adoptó una vida de extrema abnegación y penuria, meditando constantemente. Se instaló a orillas del río Nairanjana, determinado a esforzarse para llegar a un estado mental que pudiera conducirle al *moksha*. Durante seis años, soportando lluvia y viento, calor y frío, permaneció en el lugar comiendo y bebiendo solamente para mantenerse vivo. Su cuerpo quedó demacrado y su anterior fortaleza física le abandonó. Su santidad era tan evidente que cinco ascetas se le unieron, esperando aprender de su ejemplo.

La iluminación

Un día, dice la tradición budista, Siddhartha se dio cuenta de que sus años de penitencia solamente habían debilitado su cuerpo. En tal estado de agotamiento físico no podía meditar debidamente. Se levantó y caminó hacia el río para bañarse. Pero estaba tan débil que cuando terminó no podía levantarse. Las escrituras budistas dicen que los árboles de la ribera bajaron sus ramas para que él pudiera aferrarlas y salir del agua.

En aquel momento apareció una ordeñadora llamada Nandabala y ofreció a Siddhartha un tazón de leche y arroz, que él aceptó con gratitud. Cuando los cinco ascetas que habían sido sus discípulos lo vieron, le abandonaron por creer que había renunciado a la búsqueda de la verdad absoluta (*moksha*).

Reanimado por el alimento, Siddhartha se sentó debajo de una higuera (conocida por los budistas como árbol de la Iluminación) y decidió no levantarse de nuevo hasta que hubiera encontrado la respuesta que había estado buscando durante tanto tiempo.

Las escrituras budistas dicen que Mara, un dios diabólico que constantemente sometía a la gente a la tentación del deseo, pensó que Siddhartha se hallaba cerca de su objetivo. Entonces envió a sus tres hijos y tres hijas para que tentaran a Siddhartha y le atormentaran con sed, lujuria y descontento, ofreciéndole toda clase de placeres para distraerle. Pero Siddhartha no se alteró en absoluto. Entró en un estado de meditación profunda, en el cual recordó todas sus vidas anteriores. Tuvo el conocimiento del ciclo de nacimientos y muertes, con la certeza de que se había librado de la ignorancia y la pasión del "yo" que le unía al mundo. Por fin había alcanzado la Iluminación.

Esta experiencia fue el comienzo de la historia del budismo como religión. Siddhartha se convirtió en el Buda, "el iluminado". Terminaron para él todo deseo y todo sufrimiento; y, ya como Buda, experimentó el Nirvana. En sus palabras: "Hay una esfera que no es ni tierra, ni agua, ni fuego, ni aire... que no es ni de este mundo ni del otro, no es ni sol ni luna. Niego que venga o vaya, que dure o no, que nazca o muera. Es solo el fin del sufrimiento".

Según la tradición, el Buda pudo haber dejado luego su cuerpo y su existencia. En su lugar, no obstante, hizo un gran acto de sacrificio. Habiendo descubierto la manera de terminar con su propio sufrimiento, retrocedió dispuesto a compartir su iluminación con otros seres, para que todas las almas vivientes pudieran terminar con los ciclos de su propia reencarnación y muerte. Así, dio ejemplo de compasión y sabiduría, o conocimiento de sí mismo, para los seguidores que quisieran imitarle.

Puesta en marcha de la rueda doctrinal

El Buda viajó a la ciudad de Sarnath, donde encontró a los cinco ascetas que le habían abandonado antes. Estos se hallaban sentados en un parque de ciervos. Al verlo acercarse, decidieron no saludarle con el título de respeto que habían utilizado antes para dirigirse a él. Pero, cuando apareció ante ellos, vieron en su cuerpo y en su cabeza signos inequívocos de que había alcanzado un más alto estado de conciencia.

El Buda empezó a explicarles lo que había descubierto. Cogió un puñado de granos de arroz y dibujó en el suelo una rueda. Esta representaba la rueda de la vida que rodaba de existencia en existencia. (El símbolo de la rueda suele utilizarse para referirse a la enseñanza budista). Esta prédica fue recordada como su "Sermón del Parque", o "Puesta en marcha de la rueda doctrinal".

Siddhartha Gautama reveló que se había convertido en el Buda. Describió la vida de placer que había conocido primero, y luego, la vida de severo ascetismo que había practicado. Ninguna de ellas era el camino correcto hacia el Nirvana. En su lugar, el Buda indicó el Camino Medio, el que está alejado de los dos extremos.

"No es malo satisfacer las necesidades de la vida", dijo el Buda. "Conservar el cuerpo en buen estado de salud es un deber, ya que, de lo contrario, no podremos encender la lámpara de la sabiduría y mantener nuestra mente clara y despierta".

El Buda explicó las "Cuatro Verdades Sublimes" y el "Camino Óctuple" como punto central de sus enseñanzas. Las Cuatro Verdades Sublimes eran el análisis que había hecho de la causa del sufrimiento. El Camino Óctuple era la solución. Juntos, estos principios formaron el Dharma, o doctrina del budismo.

Las Cuatro Verdades Sublimes son:

1. El sufrimiento se produce por enfermedad, vejez y muerte; por la separación de los seres queridos; por anhelar lo que no podemos obtener y por odiar lo que no podemos evitar.
2. Todo sufrimiento tiene como causa el deseo y el intento de satisfacer nuestros deseos.
3. Por tanto, el sufrimiento puede evitarse destruyendo el deseo.
4. El método para destruir el deseo consiste en seguir el Camino Óctuple.

El Camino Óctuple constituye una serie de ocho etapas que conduce al final del deseo. La primera puede alcanzarse en la vida de cada día; la última requiere mucho esfuerzo y concentración. Al igual que muchas de las enseñanzas del Buda, esta parece simple al comienzo, pero adquiere un sutil e intrincado significado cuando se estudia en profundidad.

El Camino Óctuple es:

1. Buena opinión.
2. Buenas intenciones.

3. Buena palabra.
4. Buena conducta.
5. Buen sustento.
6. Buen esfuerzo.
7. Buena atención.
8. Buena concentración.

La primera etapa, buena opinión, se refiere a la comprensión de las cuatro verdades. Luego, mediante buenas intenciones, una persona decide orientar su vida hacia el camino correcto. Buena palabra significa no mentir, no criticar injustamente a los demás, no utilizar un lenguaje soez ni chismorrear. Buena conducta significa abstenerse de matar, robar y practicar actividades crueles u hostiles. Para tener un buen sustento, una persona debe ganárselo de forma que no inflija ningún daño a las cosas vivientes. Para practicar el buen esfuerzo, una persona debe evitar las malas ideas, esforzándose en despertar y mantener en su mente solo los buenos pensamientos. La buena atención tiene un sentido muy especial en el budismo, para que una persona sea intensamente consciente de todos los estados de su cuerpo, sus sentidos y su mente. Esto lleva a la etapa final: buena concentración, lo cual es una meditación profunda que lleva al más alto estado de conciencia. La persona que practica correctamente la concentración alcanzará la iluminación que Siddhartha buscaba y encontró.

Los cinco ascetas reconocieron inmediatamente que el Buda había encontrado el camino correcto. Ellos fueron sus primeros discípulos. Durante los cuarenta y cinco años siguientes, Siddhartha viajó por el noreste de la India, predicando el Dharma y respondiendo a las preguntas de todos los que querían aprenderlo de él.

En sus enseñanzas, el Buda retuvo muchos elementos del

hinduismo de su tiempo, incluidos los conceptos de *samsara* y *karma*. Sin embargo, el Dharma budista difería del hinduismo en ciertos aspectos importantes.

El Buda cuestionó la autoridad de los brahmanes, la casta superior de la sociedad hindú. Se opuso al sacrificio de animales que solo los sacerdotes brahmanes podían practicar. El hinduismo hizo extensivo el uso de sacrificios de animales a sus diversos dioses. En contraste, el Buda dijo a sus seguidores que no debían matar a ninguna criatura viviente. Además, no aceptó el papel especial de los brahmanes como intérpretes de la verdad religiosa. En su lugar, señaló que cualquiera que siguiera el Camino Óctuple, independientemente de su casta, podría alcanzar el Nirvana.

El Buda cuestionó también la idea hindú del *atman* (alma), la conciencia individual que renacía de nuevo una y otra vez. Negó que existiera cualquier alma personal y eterna o un Yo permanente. En su lugar, comparó al individuo con un carro. Un carro estaba hecho de diferentes elementos: ruedas, cuerpo, yugo, etc., que, por separado, no eran un carro. Solamente cuando se juntaban formaban un carro. De la misma manera, pensó el Buda, un individuo está formado de cinco elementos llamados *skandhas*, los cuales estaban siempre en un estado de cambio. Los *skandhas* eran: forma y materia, sensaciones, ideas, emociones y conciencia. Lo que renacía una y otra vez eran grupos de *skandhas* condicionados por el karma y siempre cambiantes. Así, los *skandhas* que renacían no eran exactamente iguales que los que morían.

El Buda declaró que, si seguían su sendero óctuple, las personas perderían su falsa idea del Yo individual y alcanzarían el Nirvana. Cuando una persona llega hasta el Nirvana, el "carro" se disuelve. Después de ello, ya no acumula más karma negativo, aunque su vida continúe.

Respecto al brahmanismo —un concepto hindú que podríamos vincular a un Ser Supremo—, el Buda rehusó considerar si tal espíritu universal existía o no. Una vez, cuando un erudito hindú presionó al Buda para debatir la existencia de Brahmán, él respondió que era como encontrarse dentro de una casa ardiendo. El hindú quería saber quién había encendido el fuego o cómo había empezado, cuando en lo que tenía que pensar, ante todo, era cómo salir de la casa. La meta hindú de *moksha* —unión del alma con Brahmán— fue sustituida en el budismo por la meta de alcanzar el Nirvana.

La simplicidad de las enseñanzas del Buda, su énfasis en la acción personal y la oposición que ejercía frente al sistema de castas, hicieron que pronto atrajese a muchos seguidores. Al igual que otros maestros religiosos, el Buda utilizaba a menudo historias o parábolas para explicar su doctrina. Con la parábola de la semilla de mostaza enseñaba la lección de afrontar y aceptar el sufrimiento.

Una vez, una mujer turbada llevó al Buda el cuerpo de su hijo muerto y le rogó que le devolviera a la vida. El Buda pidió a la mujer que le trajera una pequeña semilla de mostaza. Pero con una condición: la semilla debía proceder de una casa donde la muerte no se hubiera producido nunca. La mujer se puso a buscar, pero no pudo encontrar tal casa. En cambio, conoció a muchas personas que habían sufrido pérdidas como la de su hijo. En su búsqueda, su propia pena disminuía mientras crecía la compasión por las penas de otros. El Buda quería que ella se diera cuenta de que la muerte era normal y universal. Solamente afrontando la situación humana "tal como es realmente" podía ella iniciar su propio viaje por el Camino Óctuple.

Además de los cinco discípulos a los que había hablado en el parque, varias personas abrazaron las enseñanzas del Buda de una manera tan completa que le acompañaron a todas partes.

Estableció para ellos unas reglas de conducta, organizando así el *Sangha*, que se convirtió en una comunidad de monjes (posteriormente, también monjas). Los miembros del Sangha son conocidos como *bhikkus*. El Sangha tenía dos funciones: la primera consistía en preservar y difundir el Dharma; en segundo lugar, el Sangha facilitaba a los *bhikkus* la posibilidad de concentrarse y llegar hasta el Nirvana. Solamente las personas que dedicaban mucho tiempo a la meditación podían acceder a las últimas etapas del Camino Óctuple.

El Buda llevó a cabo una nueva ruptura con la tradición hindú cuando permitió a las mujeres ingresar en el Sangha. La primera monja budista fue Mahaprajapati, la tía del Buda, la mujer que había cuidado de él.

Estos monjes y monjas budistas siguieron el ejemplo del Buda y se desplazaron de un lugar a otro para difundir sus enseñanzas. Se les permitía poseer un cuenco de mendicación, una navaja de afeitar, una aguja, un colador, un bastón, un palillo y una túnica. (El colador era para quitar los insectos que cayeran en su bebida, evitando así que fueran consumidos y murieran).

Durante la estación de las lluvias, siempre larga y calurosa en la India, los miembros del Sangha se establecían en *vihara*, o lugares de descanso. Así nacieron los grandes monasterios que se encuentran hoy en todas partes de Asia.

El Buda reconocía que no todo el mundo podía abandonar su vida cotidiana para formar parte del Sangha. También aceptaba a los seguidores laicos *(upasaka)*, que creían en sus enseñanzas, pero no seguían estrictamente las reglas del Sangha. Las personas corrientes de la calle podían hacer méritos practicando buenas obras y acumulando buen karma. El Buda estimulaba a los laicos a seguir una vida lo más perfecta posible. Como guía del comportamiento de cada día, el Buda prescribió cinco preceptos, o reglas:

1. No quitar ninguna vida.
2. No tomar lo que no ha sido dado.
3. No tener una mala conducta sexual.
4. No mentir.
5. No ingerir sustancias tóxicas que puedan nublar la mente.

El Parinirvana

En uno de sus viajes, el Buda volvió a Kapilavastu, su lugar de nacimiento. Su padre, Shuddhodana, se sintió mortificado al ver a su hijo mendigando comida. "Nadie de nuestra familia", dijo el rey, "ha vivido jamás de pedir limosna". Pero el Buda besó el pie de su padre y dijo: "Tú perteneces a una noble dinastía de reyes.

Pero yo pertenezco al linaje de los budas, y miles de ellos han vivido de la limosna".

Shuddhodana recordó la profecía que le habían hecho cuando Siddhartha había sido concebido y se reconcilió con su hijo. La esposa del Buda, Yashodhara, y su hijo Rahula ingresaron ambos en el Sangha, así como su primo Ananda, quien se convirtió en el más fiel asistente del Buda durante los últimos días de su vida.

Cuando el Buda tenía ya cerca de ochenta años, un herrero llamado Cuanda le dio una comida que le puso enfermo. Buda hizo esfuerzos para caminar por el pueblo de Kushinagra, donde al final se tendió a descansar en una arboleda. Cuando una multitud de seguidores se reunieron a su alrededor, el Buda estaba acostado de su lado derecho. Fuera de temporada, brotaron capullos en los árboles y pronto llovieron flores encima de aquella gente. La escena ha sido tema de inspiración para muchos artistas budistas.

Buda le dijo a Ananda: "Yo ya soy viejo y mi viaje se acerca al final. Mi cuerpo es como un carro viejo que se mantiene entero solo por la ayuda de unas correas de cuero". Tres veces preguntó a los presentes si tenían alguna pregunta que hacerle acerca de las enseñanzas que habían recibido. Todos permanecieron en silencio.

Entonces el Buda pronunció sus últimas palabras: "Todo lo que ha sido creado está sujeto a su decadencia y muerte. Todo es transitorio. Trabajad en vuestra salvación con diligencia".

Tras pasar por varios estados de meditación, el Buda murió, o, según dicen los budistas, alcanzó su *Parinirvana*, "el cese de la percepción y las sensaciones".

Durante su larga vida, el Buda nunca viajó hasta más lejos de 400 kilómetros de Sarnath, la ciudad donde empezó su aleccionamiento. Sin embargo, había iniciado un movimiento religioso que se extendería por todo el mundo y que sigue hoy constituyendo una fuerza vital, a los 2.500 años de su muerte.

Capítulo III
La expansión del budismo

El Buda dijo a sus seguidores: "Continuad vuestra labor para atraer a mucha gente, por el bien de todos, en compasión por el mundo. Predicad la gloriosa doctrina; proclamad la vida de santidad". Cuando ocurrió su muerte, más de 500 monjes vivían en los monasterios de la zona donde el Buda había predicado. Hoy, esta región forma el estado indio de Bihar, nombre que significa "monasterio budista". Desde aquí, el budismo empezó a expandirse por el norte de la India.

Alrededor de 200 años después de la muerte del Buda, la evolución política estimuló la expansión del Dharma. Chandragupta Maurya conquistó gran parte de la India septentrional, y creó un fuerte y centralizado imperio. Cuando el nieto de Chandragupta, Asoka, se convirtió en emperador hacia el 270 a. C., la situación era propicia para expandirse más allá de las fronteras de la India. La historia de la conversión del rey Asoka es el punto central del progreso histórico del budismo.

Asoka

Asoka fue un hombre ambicioso. A fuerza de conquistas, extendió el imperio Maurya, absorbiendo la India Central y parte de muchos países fronterizos del norte de la India moderna. Su más feroz campaña la emprendió contra los kalingas, que vivían en lo que es hoy Orissa, al este de la India Central. La embestida fue tan sangrienta que más de 100.000 kalingas resultaron muertos.

La carnicería produjo en Asoka una transformación espiritual. Se convirtió en seguidor del budismo y erigió una columna de piedra para expresar su remordimiento por sus actos: "Después de la conquista de Kalinga, el preferido de los dioses (Asoka) empezó a seguir la rectitud (Dharma), a amar la rectitud y a dar instrucciones con rectitud. Ahora, el preferido de los dioses lamenta la conquista de Kalinga, ya que cuando un país independiente es conquistado, se mata a las personas, estas mueren o son deportadas, y esto el preferido de los dioses lo encuentra muy penoso y grave".

La conversión de Asoka no fue un gesto vacío, ya que a partir de entonces llevó a cabo políticas orientadas a beneficiar a sus súbditos. A lo largo de las carreteras de todo el Imperio hizo construir refugios para los viajeros y plantar higueras de Bengala para dar sombra a los caminantes cansados y con los pies doloridos. Asoka prohibió el sacrificio de animales y se hizo vegetariano. Abolió muchos castigos crueles para los criminales. Se fundaron hospitales para atender tanto a las personas como a los animales. Su gobierno se hizo cargo de la ayuda financiera a los monasterios budistas. Con sus acciones, Asoka se convirtió en el modelo de gobernante budista y muchos reyes budistas de todo el territorio asiático lo emularon.

Como registro permanente de su reinado, Asoka levantó columnas en todo su imperio. Inscritos en el lenguaje de sus gentes, una variedad del pali, tales registros proclamaban sus logros e ideales. Entre estas ideas estaba la tolerancia y el respeto a todas las religiones.

En una columna que todavía sigue en pie, en Delhi, Asoka ordenó inscribir su filosofía: "La religión es la máxima riqueza. Consiste en hacer buenas obras, gracia, caridad, pureza y castidad. Consiste en tener benevolencia hacia los pobres y los afligidos, bondad hacia los animales, los pájaros y todas las criaturas. Que todos pongan atención a este edicto y que dure por los siglos venideros. El que obre de conformidad con ello alcanzará la gloria eterna". He aquí una noble afirmación de la ética del budismo.

Con el deseo de llevar al mundo la sabiduría del Buda, Asoka envió misioneros en todas direcciones. Este acontecimiento histórico empezó a difundir la religión más allá de su propia tierra. Algunos de los misioneros que marcharon hacia el Oeste llegaron nada menos que a Siria, Egipto y el mundo griego; otros viajaron hacia el Sur y el Norte. Asoka empezó un proceso que no se detendría: el de captar seguidores de la religión en todo el continente asiático.

El budismo se extiende siguiendo dos grandes rutas: una hacia el Norte a través de las tierras de Asia, y otra hacia el Sur por mar y tierra hacia el sudeste asiático. Su expansión se llevó a cabo siempre de forma pacífica. En ningún caso fue introducido por soldados o bajo presión a los habitantes por parte de los fanáticos de la fe. El mensaje del budismo en sí mismo era la llamada que atraía a los conversos.

Sri Lanka

Según la tradición, el hijo de Asoka, Mahinda, era un *bhikku*, o monje. Su padre confió en él para llevar el Dharma a Ceilán. Hoy llamada Sri Lanka, Ceilán es una bella isla situada al sur de la India. Cuando Mahinda llegó, fue cortésmente recibido por el rey Tissa en su capital de Anuradhapura. El rey quedó impresionado por las enseñanzas budistas y se convirtió en el año 247 a. C. Entusiásticas multitudes se reunieron para escuchar a Mahinda en su predicación del Dharma. Los adivinos predijeron: "Esos *bhikkus* serán los señores de la isla".

El rey Tissa invitó a otros misioneros budistas e hizo donación de un parque para que se construyera en él un *vihara*.

Este monasterio, el Mahavihara, se convirtió en el centro del budismo de la isla. En su entusiasmo, el rey Tissa preguntó a Mahinda si la devoción mostrada por su pueblo significaba que el budismo había arraigado en el país. Mahinda le respondió: "No todavía, Majestad. Efectivamente, ha echado raíces, pero todavía no han crecido lo bastante hacia la profundidad del suelo. Solamente cuando se haya creado un *sima* (monasterio con autoridad para ordenar nuevos monjes) y cuando nazca en Sri Lanka un hijo de padres de Sri Lanka que se haga monje, solo entonces será verdad decir que las raíces del Dharma están profundamente enclavadas aquí". Al cabo de poco tiempo se dieron estas condiciones.

La hermana de Mahinda, Sanghamitta, una monja budista, pronto siguió los pasos de aquel en Sri Lanka. La tradición budista dice que se trajo de la India un esqueje del árbol sagrado bajo el cual Siddhartha Gautama había alcanzado la Iluminación, el cual fue plantado en un monasterio de Anuradhapura. Hoy existe en aquel lugar un enorme árbol que se dice procedía de aquel esqueje. Luego se plantaron vástagos de este árbol por toda la isla, creando así un vínculo a través de la naturaleza con los orígenes del budismo. Algún tiempo después, Sri Lanka recibió otras preciosas reliquias del Buda. Se trataba de un cuenco que había utilizado para pedir limosna, un diente y una clavícula. La introducción del budismo también llevó a la isla la escritura, la arquitectura y la escultura.

Desde el principio, el budismo fue instituido como religión oficial de Sri Lanka. Los reyes y nobles de Sri Lanka practicaban el budismo y eran los patrocinadores de la cultura budista. La estrecha relación entre el budismo y la clase política le ha proporcionado a aquel una existencia continuada, mucho más larga que en cualquier otro país del mundo. Dado que la religión se ha ido extinguiendo virtualmente dentro de la India, el

Sangha de Sri Lanka se enorgullece de preservar la forma original de la disciplina monástica budista.

Sudeste asiático

La región conocida como Sudeste Asiático se extiende desde Birmania a Indonesia. Históricamente se ha visto influida en alto grado por la India, hasta el punto de ser denominada con frecuencia la "Gran India". Los comerciantes y monjes indios llevaron allí no solo la religión, sino también la civilización: escritura, artes y métodos de gobierno. El budismo y el hinduismo solían coexistir en las mismas zonas, junto con la preexistente creencia en el animismo, la cual considera que los espíritus habitan en todas las cosas.

El budismo se propagó en el país conocido hoy como Myanmar (Birmania) antes de que fuera ocupado por los birmanos. Al llegar los misioneros de Asoka, la tierra estaba habitada por el pueblo de Mon. Hacia el siglo IX, cuando los birmanos étnicos se trasladaron a esta tierra, el pueblo practicaba tanto el hinduismo como el budismo.

Los birmanos establecieron gradualmente su propio reino. Un gran gobernante birmano, el rey Anawrahta (r. 1044-1077), fue convertido al budismo en 1056 por un monje del vecino reino Mon, de Thaton. Anawrahta envió un emisario a Thaton para pedir las escrituras de la religión, pero este fue rechazado. De una manera nada budista, Anawrahta invadió Thaton y se llevó consigo al rey y su biblioteca a Pagan, su capital. La conversión de Anawrahta fue el hecho decisivo para el establecimiento del budismo en Birmania. Esta religión se ha mantenido allí con fuerza hasta nuestros días. El pueblo birmano tiene un proverbio: "Para ser birmano hay que ser budista".

En el siglo XI, el pueblo *thai* emigró del sur de China a la tierra que es hoy Tailandia. En aquel tiempo, la región estaba bajo la autoridad del rey Khmer. Un gobernante *thai.* Rama Khamheng (h. 1275-1317), liberó al país del poder de los Khmer. Khamheng se convirtió en ferviente budista e hizo del budismo la religión del Estado. El nieto de Khamheng invitó a monjes de Sri Lanka, por entonces famosos por sus conocimientos, a que se trasladaran a Tailandia para fortalecer la pureza del Sangha Thai. A partir de entonces, Tailandia ha sido un país fervorosamente budista, habiendo sus reyes vinculado su poder a la religión.

El pueblo Khmer de Camboya recibió asimismo la influencia de la civilización india. Desde primeros del siglo VI, los reyes Khmer dominaron una gran zona desde su capital, Angkhor. Dedicaron gran parte de su riqueza a la construcción de magníficos monumentos y edificios, el más famoso de los cuales es el templo llamado Angkhor Wat, el cual fue probablemente utilizado tanto por hindúes como por budistas. El hinduismo fue la más sólida de ambas religiones hasta que el rey Jayavarman Paramesvara ocupó el trono en 1327. Este abrazó el budismo y los camboyanos han seguido desde entonces su ejemplo.

El rey Jayavarman casó a su hija con un rey llamado Fa Ngum, quien había unido varios estados para formar el país llamado Laos. Jayavarman presionó a Fa Ngum para proteger el budismo y seguir su reino de acuerdo con los principios de esta religión.

Mandó a su yerno una estatua del Buda procedente de Sri Lanka. Llamada Luang Prabang, esta estatua fue colocada en la capital de Fa Ngum. El budismo ha sido hasta ahora la religión principal de Laos.

Muchos grandes imperios de navegantes se establecieron en las islas que hoy forman la nación de Indonesia. También aquí coexistieron el hinduismo y el budismo; pero en el siglo VIII, el budismo fue adoptado por la dinastía de Sailendra, que gobernaba en la isla de Java. Bajo el patrocinio de Sailendra se construyeron gigantescos complejos de templos y monasterios budistas. Entre ellos —hoy todavía en pie— se alza el más grande monumento budista del mundo, el Borobudur. A finales del siglo XIII llegó a la isla el islam, religión que, con el tiempo, se hizo predominante, aunque todavía quedan hoy algunos budistas.

Por la Ruta de la Seda

Al noroeste del corazón de la India hay una zona que, en un tiempo, se llamaba Gandhara, o Bactriana. Hoy incluye la India Noroccidental, Pakistán del Norte, Afganistán, Irán Oriental y partes del Asia Central. En la antigüedad, esta región era una gran encrucijada que servía de unión entre el Este y el Oeste. Aquí se mezclaban las culturas de la India, Persia y Occidente greco-romano. Alejandro Magno invadió y conquistó esta región el año 326 a. C. Cuando la abandonó, algunos de sus generales permanecieron en ella como gobernadores. La región incluía la parte occidental de la Ruta de la Seda, el viejo itinerario que, a través de peligrosos desiertos y montañas, servía de conexión entre China y Occidente. La denominación "Ruta de la Seda" se derivó de las caravanas de camellos que la recorrían transportando esta importante mercancía china. Pero, además de mercancías, también se intercambiaban ideas a través de esta vía de comunicación. La Ruta de la Seda fue la de mayor cauce para la expansión del budismo.

Tras la muerte de Asoka, el imperio Maurya se desmembró. En el caos de la época, el reino de Bactriana se erigió entre el río Oxus y las montañas hindúes de Kush. La Bactriana fue gobernada por griegos descendientes de los oficiales de Alejandro Magno.

El rey Menandro, que reinó en Bactriana hacia el 155 a. C., se vio afectado por una sensación de enfermedad espiritual. En vano buscó alguna forma de curación. Un monje budista, llamado Nagasena, llegó al reino llevando consigo el remedio. Nagasena explicó el Dharma budista a Menandro y lo convirtió. Las palabras de Nagasena, con el nombre de "Conversaciones con Menandro", pasaron a integrar las sagradas escrituras budistas.

Menandro fomentó ardientemente el budismo. Años más tarde acuñó monedas en las que figuraba una rueda, símbolo del Dharma. Se dice que, cuando llegó a viejo, abdicó de su reino a favor de su hijo y fue miembro del Sangha.

El imperio Bactriano fue invadido y el control del territorio cambió de manos muchas veces. Alrededor de la mitad del siglo I de nuestra era, unos feroces guerreros vinculados con los hunos establecieron el imperio khusano. La dinastía khusana controló un territorio mucho más extenso que el de Menandro. Su rey Kanishka, que gobernó durante los siglos I y II, era un gran guerrero. A partir de su capital, Purushapura (hoy Peshawar), Kanishka extendió su reino al Este hasta Kathgar, Yarkand y Khotan, todos ellos oasis de la Ruta de la Seda. Al igual que Asoka, sin embargo, el rey experimentó una crisis religiosa y se convirtió al budismo.

Kanishka llegó a ser un gran protector de la religión. Hizo inscribir escrituras budistas en platos de cobre para ser exhibidos en la capital. (Hoy sobreviven solo en traducciones chinas). A partir de los monasterios fundados durante su reinado (tales como Bamiyan, en el Afganistán de hoy) los monjes se desparramaron por toda el Asia Central y convirtieron a reyes, tradujeron escrituras a las lenguas nativas y llevaron a la zona el arte de la escritura. Los oasis del Asia Central se convirtieron en centros del budismo, y allí florecieron las artes. En el siglo VIII, sin embargo, guerreros musulmanes conquistaron el Asia Central. Con el tiempo y gradualmente, el budismo fue suplantado por el islamismo. Pero, por entonces, los *bhikkus* ya se habían desplazado más al Este por la Ruta de la Seda, divulgando su religión en China y otras tierras.

China

En el siglo I de nuestra era, según la leyenda china, Ming-ti, un emperador Han de China, tuvo un sueño: se le apareció una enorme figura, radiante como el Sol. Al día siguiente, el emperador ordenó a sus servidores que partieran hacia Occidente para encontrar el origen de aquella visión. Los servidores, tras deambular largamente por la Ruta de la Seda, encontraron a dos *bhikkus* con un caballo blanco, un retrato del Buda y sagradas escrituras budistas.

Los *bhikkus* aceptaron regresar con los servidores a Luoyang, la capital de China. Allí, el emperador reconoció la figura de su sueño como la del Buda. Pidió a los monjes que tradujeran las escrituras al chino y estos se pusieron a trabajar en un edificio conocido luego por el Templo del Caballo Blanco (hoy existe todavía un Templo del Caballo Blanco en aquel lugar).

Durante la dinastía Han (202 a. C. - 220 d. C.), China era una de las grandes civilizaciones del mundo. Había desarrollado ya dos filosofías que fundamentaban su cultura. Ambas habían sido establecidas por hombres más o menos contemporáneos del Buda: Confucio y Lao Tse. Confucio, fundador del confucianismo, describió cómo debían ser las correctas relaciones entre las personas para que la sociedad y su gobierno vivieran armónicamente. Lao Tse, por otra parte, creía que la mejor manera de lograr la armonía era siguiendo el camino (el Tao) de la naturaleza. El taoísmo y el confucianismo eran igualmente respetados por los chinos, quienes no tenían dificultad en aceptar verdades separadas que respondieran a distintas necesidades de diferentes áreas de la vida. El budismo nunca contradijo ni sustituyó ninguna de estas filosofías. Al cabo de algún tiempo, fue aceptado por los chinos como una de las "Tres Grandes Verdades".

Cuando la dinastía Han fue destronada, China estuvo desunida a lo largo de los 350 años siguientes. Durante esta era de conflictos y alborotos, el mensaje budista arraigó fuertemente y echó profundas raíces entre el pueblo chino. Se formaron sanghas y los misioneros indios acudieron a impartir sus enseñanzas. Además, se establecieron centros de traducción para poder ofrecer los textos religiosos budistas en chino.

Pronto, los mismos monjes chinos se desplazaron a la India y llevaron consigo preciosos textos. El viaje era peligroso; los monjes tenían que cruzar desiertos y altas montañas para llegar a su destino. Fa-hsien, que había realizado estos viajes durante quince años (399-414) en su misión, describió los terrores del desierto de Gobi: "Hay cantidad de malos espíritus y también cálidos vientos; cuando se los encuentra, pueden acabar con uno. No hay pájaros arriba ni bestias abajo. Mirando alrededor, tan lejos como la vista alcanza para distinguir la ruta, no hay guía alguna, excepto huesos de hombres muertos pudriéndose que marcan el camino".

Unos 250 años más tarde, Hsuan-tsang, a quien los chinos llaman "el príncipe de los peregrinos", realizó su famoso viaje a la India. Hsuan-tsang entró en el país tras atravesar el antiguo reino de Bactriana. Visitó el lugar en el cual Kanishka, todavía agresivo e inconverso, había retenido a un rehén chino. Tratando al cautivo con un respeto especial, Kanishka había construido un edificio para mantenerlo allí. Esta residencia era ahora un monasterio llamado Serika, que era el término "China" en idioma bactriano. Todavía podía verse el rostro del prisionero chino pintado en la pared. Hsuan-tsang, como primer visitante chino al monasterio, fue calurosamente acogido por los monjes, quienes le explicaron la historia.

Posteriormente, cuando Hsuan-tsang viajaba por el río Ganges, fue capturado por unos piratas que buscaban una víctima para ofrecer en sacrificio a una deidad local. En cuanto empezaron a atizar el fuego, Hsuan-tsang entró en profunda meditación y un milagro ocurrió: de pronto, un ciclón hizo astillas el barco pirata al estrellarlo contra la costa. Los piratas se asustaron tanto que dejaron a Hsuan-tsang en libertad.

Cuando Hsuan-tsang llegó al árbol bajo el cual Siddhartha había alcanzado la Iluminación, fue superado por la emoción. Lloró al pensar en sus propias faltas. De no haber sido tan pecador en una existencia anterior, pudo haber vivido en los días perfectos cuando el Buda estaba vivo. "Yo no sé", pensó, "en qué torbellino de nacimientos y muertes debí de estar yo cuando el Buda alcanzó la Iluminación".

Hsuan-tsang visitó Nalanda, la gran universidad donde jóvenes de muchas tierras budistas acudían a formarse. Estuvo allí cinco años, estudiando y debatiendo los puntos más destacados de la doctrina con otros educandos. Su descripción de Nalanda es la mejor fuente de información que tenemos de este gran centro budista: "De la mañana a la noche (los *bhikkus)* nos dedicamos a discutir; los viejos y los jóvenes se ayudan mutuamente. Hombres ilustrados de diferentes procedencias que desean adquirir renombre... vienen aquí y luego su sabiduría se extiende lejos y de punta a punta. Por esta razón conservan siempre el estilo de los estudiantes de Nalanda y sienten que esto constituye un gran honor para ellos".

Hsuan-tsang regresó a China en el 645 y fue recibido como un héroe en Changan, la capital de la dinastía Tang. Llevó consigo un gran número de manuscritos y se pasó el resto de su vida traduciendo y enseñando. Aceleró el desarrollo de las ramas del budismo y se convirtió en un verdadero héroe popular. Sus aventuras de viaje se reflejaron en el arte y en el folklore. La gran novela china, *Mono*, describe su peregrinaje con estilo alegórico. La mezcla de humor grosero y filosofía religiosa de la novela nos proporciona un ejemplo del pragmatismo que encierra el budismo chino. Además, los escritos del mismo Hsuan-tsang constituyen una vívida ilustración del budismo en Asia Central y la India durante el siglo VII.

La dinastía Tang (618-927 d. C.) produjo un período cultural y de esplendor en China, así como significó el apogeo de la influencia budista. El budismo se hallaba entonces en el centro de la vida religiosa e intelectual. La mayoría de emperadores —incluida la única mujer "Hijo del cielo", la emperatriz Wu— eran protectores de la religión. Algunos gobernantes mantenían "templos del Estado", donde se practicaban rituales budistas para el bienestar del país. Los monasterios se convirtieron en las más importantes agencias de servicio social de su época. El Sangha mantenía hospitales, ayudaba a los pobres y distribuía alimentos en tiempos de hambre. En el año 729 había un censo de 126.100 monjes y monjas.

Los budistas chinos se mostraban ahora dispuestos a hacer algo más que traducir textos indios. Empezaron a escribir interpretaciones del Dharma y a desarrollar más escuelas de budismo. La invención de la imprenta por monjes budistas incrementó la disponibilidad de textos y ayudó a expandir la religión. Los primeros libros impresos fueron colecciones de escrituras budistas.

En los años de decadencia de la dinastía Tang, sin embargo, el budismo fue objeto de ataques. Algunos estudiantes confucianos lo criticaron por considerarlo una importación del extranjero que intoxicaba los verdaderos caminos chinos. Los monasterios budistas, que habían crecido en la riqueza y el poder, excitaron la envidia. Debido a que tantos hombres y mujeres habían escogido la vida del Sangha, el budismo fue acusado de debilitar el ideal confuciano de la familia y la obligación de producir hijos. En el 845, el emperador mandó cerrar los monasterios y ordenó que todos los monjes y monjas regresaran a la vida normal. Aunque el budismo sobrevivió, se mantuvo en declive durante los mil años siguientes. Ya nunca más representaría el papel central en la vida de China. No obstante, las ideas chinas continuaron enriqueciendo con nuevas interpretaciones el pensamiento budista.

CHINA DIFUNDE LA PALABRA

La versión china del budismo, que fue importado de la India antes del año 100 de nuestra era y recibió influencias del confucianismo y el taoísmo, alcanzó gran importancia en el Asia Oriental del siglo IV. Fue esta versión la que a la postre se extendió a Corea, Japón y Vietnam.

Los misioneros chinos llevaron el budismo a la región que es hoy el norte de Vietnam y que entonces formaba parte del imperio chino. (Por esta razón, la corriente vietnamita del budismo es más parecida a la de China que a la de sus vecinos, Laos y Camboya). Al igual que la china, la corriente vietnamita mezcló el budismo con otras prácticas religiosas nativas. Cada población de ciertas dimensiones contaba con una imagen del Buda, y los miembros del Sangha intervenían de manera destacada en los asuntos del pueblo. Los monjes, con sus conocimientos de medicina y filosofía, eran altamente respetados por el pueblo, y pronto atrajeron a seguidores entre la aristocracia. Los monjes budistas obtuvieron el apoyo popular al compartir el esfuerzo vietnamita contra el dominio chino y, mucho después, contra el gobierno colonial francés.

La península de Corea se encontró también y con frecuencia bajo la influencia del imperio chino. Según la tradición, un monje chino llamado Sundo llevó el budismo a Corea en el 372. En aquel tiempo había tres reinos coreanos, y los dos del Norte aceptaron rápidamente la religión. El del Sur, Silla (pronunciado Shil·la), se resistió, y la gente de allí mató a un misionero del Norte. Pero este misionero, Yi Chadon, predijo que su sangre brotaría tan blanca como la leche para demostrar la verdad del Dharma budista. Cuando esta profecía se cumplió, los habitantes de Silla aceptaron también sus creencias. El budismo coreano experimentó una edad de oro entre los siglos VI y XIV, una era en que los reyes eran los jefes de la religión.

En el 552, un rey coreano mandó misioneros a las islas de Japón. Llevaron a la corte nipona una imagen del Buda y una carta del rey, elogiando la religión como "la más excelente de todas las enseñanzas... Proporciona un sinfín de inconmensurables frutos y bendiciones, incluso la consecución de la Iluminación Suprema... los tesoros de la gloriosa religión no cesarán nunca de dar plena respuesta a los que la buscan".

La carta propició un debate en Japón. Si la religión extranjera era aceptada, ¿ofendería a los *kami*? Los *kami*, según creían los japoneses, eran espíritus que habitaban en toda la naturaleza. Había simples capillas dedicadas a los *kami* esparcidas por todo el país. La mitología japonesa atribuía la ascendencia de su emperador a la diosa del Sol, el *kami* más poderoso de todos. Fue solo después de la introducción del budismo cuando a estas prácticas se les dio un nombre: Shinto, o "el camino de los dioses".

Una noble familia adoptó el budismo y construyó un templo para el culto. Desgraciadamente, poco después se desató una plaga y se culpó de ello a la nueva religión. En consecuencia, se mandó destruir el templo. Pero cuando la plaga empeoró, los budistas pidieron reconstruirlo. La disputa entre ambas posturas continuó.

En el 592, el príncipe Shotoku Taishi fue nombrado consejero jefe de la princesa japonesa, Suiko. Shotoku, un ferviente budista converso, aconsejó a la emperatriz que adoptara la religión. Dos años más tarde, el budismo fue proclamado religión del Estado. El príncipe Shotoku empezó a construir un complejo con un templo como centro para el estudio del budismo. Esto fue el comienzo de la estructura que sería conocida más tarde como el Horyuji, uno de los centros de culto budista mayores del país nipón.

Japón envió gente a China para estudiar las escrituras budistas y aprender más acerca de la religión. La misión encontró más de lo que se esperaba: las ideas chinas de la cultura y del gobierno, junto con el confucianismo y el taoísmo. A partir de aquel comienzo, Japón empezó a adoptar y adaptar muchas cosas que se consideraron valiosas de la cultura china, incluido el budismo.

El príncipe Shotoku y sus sucesores empezaron a transformar el país. En el 710 se construyó una nueva capital en Nara, una ciudad modelada según la capital de China, Changan. Muchos monasterios budistas fueron levantados dentro de la ciudad, y el emperador Shomu expresó su devoción al Dharma budista. En un decreto imperial, Shomu declaró: “Nuestro ferviente deseo es que, bajo el escudo de los Tres Tesoros (las Tres Joyas), los beneficios de la paz alcancen a todos, tanto en el Cielo como en la Tierra, incluso a los animales y las plantas, para que compartan estos frutos por todos los tiempos venideros”.

La hija de Shomu, la emperatriz Koken, hizo gestiones para unir el budismo con el Shinto. Organizó una ceremonia para Hachiman, el dios shinto de la guerra. Los monjes y monjas budistas, obedientemente, rogaron a este dios —poco apropiado, ya que el Buda predicaba la no violencia—, y los monjes colocaron un capuchón en un carro sagrado que supuestamente contenía el espíritu de Hachiman. En esta ceremonia, se dio a ambas religiones un estatus igualitario.

La introducción del budismo fue un estímulo para la cultura nipona. Facilitaba una salida para el amor y la belleza de Japón. El budismo, como demostró la ceremonia de Hachiman, era también un sistema flexible que podía adaptarse a distintos ideales, porque ponía de manifiesto la insignificancia de las cosas. En efecto, poco después de su introducción, el budismo devino en Japón la religión favorita de la clase guerrera, los samurái, y se reflejaría en gran parte de la cultura nipona.

El Tíbet

El Tíbet, la "Tierra de las Nieves", que ahora forma parte de China, se halla en una gran altiplanicie del Himalaya, a menudo llamada "Techo del Mundo". Debido a su remota situación, el Tíbet se ha visto frecuentemente aislado del resto del mundo. La religión indígena del Tíbet, conocida como *bou*, fue una mezcla de mágica y animismo. El *bon-po*, un tipo de chamán o sanador, recitaba mantras, fórmulas sagradas o palabras mágicas para exorcizar espíritus malignos o para invocar fuerzas poderosas. En los tiempos primitivos, los *bon-po* presidían los ritos mortuorios de los reyes tibetanos.

El budismo llegó al Tíbet por primera vez en el siglo VII, cuando un rey tibetano se casó con una princesa china. Esta era budista, y llevó consigo imágenes para las cuales el rey construyó un templo. Pero el budismo no arraigó del todo hasta la llegada del budista indio Padmasambhava, un siglo más tarde.

Según la tradición tibetana, Padmasambhava, o Guru Rinpoche, se encontró con una serie de demonios mientras viajaba hacia el Tíbet. Los demonios querían evitar que cumpliera su misión en el país. Afortunadamente, Padmasambhava poseía conocimientos de magia y anuló los propósitos de los demonios. No los destruyó (como habría hecho de acuerdo con la tradición occidental). En su lugar, Padmasambhava los forzó a someterse al Dharma y aquellos se convirtieron en nuevos protectores de la religión. La legendaria derrota de los demonios explica la absorción de tradiciones religiosas locales tibetanas por el budismo en el Tíbet. Padmasambhava fundó el primer monasterio tibetano budista, Samye, terminado en el 779.

Hasta nuestros días, Padmasambhava ha sido un héroe cultural en el Tíbet, conmemorado en danzas y canciones. No solo llevó al país la religión que se practica universalmente, sino también el lenguaje escrito. El budismo se convirtió en la fuerza más importante entre el pueblo tibetano. En los siglos posteriores se construyó un enorme número de monasterios y templos. Desde el Tíbet, el budismo se extendió más al Norte, hasta Mongolia.

Irónicamente, a medida que el budismo se expandía por toda el Asia iba en decadencia en la tierra de su nacimiento. El hinduismo entró en una era de regeneración. Las nuevas sectas obtuvieron el apoyo popular. En su peregrinación a la India, Hsuan-tsang notó que en Benares, donde el Buda había pronunciado su primer sermón, la mayoría de la gente era hindú. En algunas zonas, el Buda era venerado como una reencarnación de Vishnú, uno de los dioses de la trinidad hindú. Solo en los monasterios el budismo mantenía su fuerza vital.

El golpe final que recibió el budismo indio se produjo allá por el año 1200, cuando los musulmanes de Afganistán invadieron el norte de la India. Saquearon e incendiaron gran cantidad de templos y monasterios. La universidad de Nalanda fue destruida y su biblioteca fue pasto de las llamas durante diez días. La gran era del budismo en la tierra de su fundador había terminado.

Hoy, los monjes budistas viven en algunos de los famosos lugares de la vida del Buda. Acogen a peregrinos de muchos países donde el budismo está arraigado. Aunque el mensaje del Buda es glorificado todavía por 300 millones de personas en Asia, el budismo tiene pocos seguidores en su tierra natal.

Capítulo IV
Las variedades del budismo

El Buda dijo: "El Dharma que te he enseñado será tu maestro cuando yo me haya ido". Inmediatamente después de la muerte del Buda, sus seguidores se reunieron en asamblea para interpretar sus enseñanzas. Un siglo más tarde se celebró otra asamblea. Esta vez empezaron a aparecer entre los budistas diferentes puntos de vista respecto al Dharma. Al expandirse el budismo y crecer la comunidad se formaron dos corrientes bien definidas, con lo cual se produjo una división de base dentro del budismo.

Una de ellas representaba un enfoque conservador que deseaba mantener lo más estrictamente posible las doctrinas y prácticas que se habían llevado a cabo desde un principio. Esta corriente fue denominada la "escuela de los Mayores" o *Theravada*.

El otro grupo prefirió hacer una interpretación libre de las enseñanzas y prácticas del Buda. Hacia el comienzo de nuestra era, sus seguidores la habían bautizado con el nombre de *Mahayana*, que significa "gran vehículo". Este nombre pretendía transmitir la idea de que llevaría a la salvación de todo el mundo. Los mahayanianos etiquetaron la escuela del Theravada como "vehículo menor" o *Hinayana*.

El budismo mahayana

En el centro del budismo mahayana se halla la figura del *bodhisattva* (literalmente, un "ser de sabiduría"). Un bodhisattva es un ser que se halla muy cerca del Nirvana, pero que se vuelve atrás antes de alcanzarlo para la salvación de todos los seres. Un bodhisattva retrasará su Nirvana hasta que incluso la más pequeña criatura haya alcanzado la meta más alta. Buda había sido un bodhisattva en sus vidas (o reencarnaciones) anteriores a su nacimiento como Siddhartha Gautama.

El bodhisattva no solamente irradia compasión, sino que incluso carga con las penas y los sufrimientos de otros. El voto del bodhisattva es similar al sacrificio de Jesús en el cristianismo:

> *Acepto cargar sobre mí... los actos de todos los seres, incluso de los que están en los infiernos, en otros mundos, en el reino del castigo... Acepto cargar con su sufrimiento...*
>
> *Yo lo soporto, no me echaré atrás, no tiemblo ante ello... no tengo miedo de ello... Debo llevar la carga de todos los seres, ya que he jurado salvar a todas las cosas vivientes, para llevarlas seguras a través del bosque del nacimiento, vejez, enfermedad, muerte y reencarnación.*
>
> *No pienso en mi propia salvación, sino que me esfuerzo en procurar a todos los seres la realeza de sabiduría suprema... Porque es mejor que sufra yo solo que no la multitud de seres vivientes. Me ofrezco yo mismo a cambio. Quiero redimir al Universo desde el bosque del purgatorio, desde el útero de la carne, desde el reino de la muerte... Porque he decidido alcanzar la suprema sabiduría por el bien de todas las vidas, para salvar al mundo.*
>
> *(Basham-275)*

Resumiendo, un bodhisattva es un salvador. Un bodhisattva gana méritos para la humanidad practicando las “Seis Virtudes”, o Paramitas. Una virtud es practicada a la perfección cuando se lleva a cabo con la mente libre de remordimientos, motivos ulteriores o egoísmo.

Las Seis Virtudes son:
1. La perfección en dar (daña)
2. La perfección en moralidad (sila)
3. La perfección en paciencia (santi)
4. La perfección en coraje (virya)
5. La perfección en meditación (dhyana)
6. La perfección en sabiduría (prajna)

Los bodhisattvas pueden reencarnarse como humanos o, incluso, como animales. Pero los bodhisattvas más poderosos son los que están en el Cielo. El budismo mahayana desarrolló la idea de un cielo poblado de bodhisattvas a los que se podía adorar y hacerles peticiones mediante la plegaria. En los cielos hay también budas de tiempos anteriores (iluminados) y un buda del futuro: Maitreya.

Algunos bodhisattvas han sido más importantes o más queridos que otros. Entre ellos están los siguientes:

Maitreya, el primer bodhisattva en torno al cual se formó un culto de devoción. Responde a las plegarias de los fieles. Es un ser compasivo y benevolente que presta ayuda a cualquiera que se la pida.

Avalokitesvara, lleno de compasión y amor por haber purificado sus votos durante incontables eones. Puede adoptar cualquier forma bajo la cual ayudar a los seres humanos. Concede deseos y recompensas a quienes lo recuerdan y pronuncian su nombre. Es el patrón del Tíbet. Y en China, donde se transformó en mujer, con el nombre de Kwan Yin, es el más popular de todos los bodhisattvas.

Manjushri (que significa "dulce" o "gentil"), símbolo de la sabiduría y la elocuencia. Es joven y nunca envejece. Generalmente Manjushri se aparece en sueños, a veces como huérfano o pobre. Quien lo venera está protegido por su poder y tiene la seguridad de alcanzar la Iluminación.

El nuevo concepto del bodhisattva como ideal suscitó la cuestión del Buda histórico. ¿Por qué no se quedó como bodhisattva en lugar de alcanzar para sí egoístamente el Nirvana, dejando la existencia? La respuesta mahayana a este problema se halla en la doctrina de "los tres cuerpos del Buda".

Los tres cuerpos del Buda son: el cuerpo de esencia, el cuerpo de gloria y el cuerpo de trasformación. Cuando vivía en la Tierra como Siddhartha Gautama, el Buda habitaba en el cuerpo de transformación. Pero su cuerpo de transformación era realmente una emanación o manifestación de su cuerpo de gloria. En el cuerpo de gloria, habita en los cielos eternamente como lo que podría llamarse un Dios Supremo. El cuerpo de gloria, a su vez, es una emanación del cuerpo de esencia, que es el Buda definitivo. El Buda definitivo es la razón esencial del Universo entero y se identifica con el mismo Nirvana. El Buda definitivo o cuerpo de esencia se parece más al alma del mundo o Brahmán en el hinduismo, presentado de una nueva forma.

La teología mahayana desarrolló la idea de que había otros cuerpos de gloria (todos ellos, simples emanaciones de un cuerpo de esencia). Estos cuerpos de gloria fueron identificados como bodhisattvas y "otros" budas, que habían vivido varias veces en el pasado. Estas figuras se multiplicaban en un panteón de seres que habitaban en muchos cielos, infiernos e incluso en otros universos. Los pensadores del budismo mahayana veían maravillosos paraísos y su contrapartida: infiernos, donde los condenados sufrían castigos horribles. El único límite a nuevas creaciones era la imaginación humana.

El concepto de cuerpos de gloria ayudó al budismo mahayana a absorber a los dioses y figuras históricas de otras tierras. Por ejemplo, en China, los sabios taoístas (hombres santificados) se incorporaron a las formas del Mahayana como budas (y bodhisattvas), como lo fue la diosa japonesa Amaterasu, el más importante espíritu del panteón Shinto.

Los más amados cuerpos de gloria, sin embargo, eran los relacionados con la vida y los sufrimientos aquí, en la Tierra. El más importante fue el buda Amitabha ("inmensurable resplandor"), que residía en el Cielo del Oeste. Estaba vinculado al histórico buda Gautama y al muy poderoso y compasivo bodhisattva Avalokitesvara, cuyo nombre significa "el Señor que nos observa".

La teología mahayana fue sostenida por dos escuelas filosóficas primarias. La primera fue la Madyamika, o doctrina de la postura intermedia. Fue desarrollada por Nagarjuna, quien vivió en los siglos I y II de nuestra era. Nagarjuna postulaba que todo lo que existe es vacuidad, o *el vacío* (sunyata). Por esta razón su teoría se denomina a veces la doctrina del vacío. Nagarjuna admitía que, a efectos prácticos, el mundo de cada día existía. Pero, debido a que se componía de fenómenos transitorios y no permanentes, no tenía una realidad absoluta. Ya que la vacuidad es el único fenómeno que nunca cambia, el vacío es vacuidad absoluta. El vacío, de hecho, es lo mismo que el Nirvana y el cuerpo de esencia del Buda.

La doctrina madyamika incluía un corolario muy optimista. Aunque la existencia de la vacuidad no podía probarse por la lógica ordinaria, podía experimentarse directamente por meditación. El vacío estaba en todas partes: en efecto, no había diferencia entre el vacío absoluto y el mundo de los fenómenos. Los humanos y todos los seres formaban parte de la vacuidad o vacío. Potencialmente, todos serían budas si tan solo pudieran, mediante la meditación, reconocer el vacío y descubrir la verdadera naturaleza de las cosas.

La doctrina madyamika era popular en China y Japón. Al estimular la salvación en el mundo real, apelaba al espíritu práctico de la población. Ya que el mundo real y el Nirvana eran lo mismo, la Madyamika apelaba al amor a la naturaleza, que era un valor importante en ambos países. Y efectivamente, la representación gráfica del vacío fue importante en el arte de China y Japón. Además, la doctrina madyamika ofrecía un camino más rápido hacia la Iluminación. La necesidad de reencarnaciones era menos importante, ya que el Nirvana, o la cualidad de buda, eran omnipresentes y solo se requería darse cuenta de ello.

La segunda escuela filosófica, llamada Yogakara, fue fundada en el siglo IV. Su creencia central consiste en que el mundo fenoménico existe solo en la mente del observador. Utiliza como ejemplo al monje que, en su meditación, puede conjurar visiones que son tan reales como su percepción ordinaria del mundo trivial. Sin embargo, el monje sabe que son producto de sus propios pensamientos. La única realidad independiente fuera de la mente, según la escuela yogakara, es una entidad llamada *tathagata* (cualidad fundamental). Esta entidad es, sin características, pura y completa. Es el equivalente del vacío madyamika.

La salvación, en la escuela yogakara, se alcanzaba a partir de la purificación de uno mismo hasta llegar al estado de pureza absoluta, o *tathagata*. El proceso purificador era muy riguroso, y solo los que accedían a un alto estado de desarrollo espiritual podían afrontarlo. Básicamente, el meditador conjuraba visiones lo más vividas posible, absorbiendo su realidad. A través de la práctica constante, se haría aparente la subjetividad de las percepciones de la vida diaria y sus visiones. El adepto se daría cuenta de que toda la fenomenología era subjetiva. Solo cuando las visiones y la fenomenología ordinaria se percibieran por igual, podría decirse que el *tathagata* se había alcanzado.

Las ideas del budismo mahayana crearon una religión de dos niveles. Para los intelectuales, el intrincado fundamento era una filosofía exigente y creativa. Sin embargo, a nivel popular, el budismo mahayana ofrecía algo más concreto: devoción a los budas y bodhisattvas. El conocimiento de que estaban trabajando para la salvación de todos era confortante. Además, los seres celestiales escuchaban plegarias y ruegos directamente de los necesitados y actuaban como salvadores personales.

Diferencias entre los budismos theravada y mahayana

Aunque ambas corrientes reconocían a Siddhartha Gautama como fundador de la religión, sus diferencias eran profundas. Estas diferencias podrían resumirse en nueve puntos:

1. El ideal del *arhat* y el ideal del bodhisattva. En el budismo theravada el ideal era el arhat. El arhat era una persona, generalmente un monje, que alcanzaba la Iluminación a través del Camino Óctuple y que, a partir de allí, experimentaba el Nirvana.
2. La meta del Nirvana y la meta de la budización. En el budismo theravada, la meta era el Nirvana a través del Camino Óctuple. La meta de la corriente mahayana consistía en alcanzar la condición de buda. Los theravadas reconocían la diferencia entre llegar a ser un buda —que era la aspiración máxima— y la consecución del Nirvana por un arhat. En el Mahayana cualquiera podía, en teoría, llegar al estado de buda.
3. El papel del esfuerzo y el papel de la fe en la consecución de la meta de salvación. Los theravadas exigían que el Nirvana

fuera alcanzado solo por el esfuerzo individual, mientras que los mahayanas permitían la plegaria y la fe, además de la ayuda de los budas y bodhisattvas, como parte del proceso de salvación.

4. El Buda histórico y los budas diversos. La doctrina theravada destacaba la importancia del Buda histórico, cuya grandeza radicaba en su Dharma. Aunque lo consideraban como el más alto espécimen de la humanidad, no lo veían como divino. En el budismo mahayana, el Buda histórico fue uno más de los muchos budas y bodhisattvas. Se le identificaba como perteneciente a la esencia suprema y, por tanto, tenía los atributos de un dios.

5. Los monjes y el laicado. El budismo theravada ha sido denominado una religión de monjes. El Sangha era el centro de la comunidad religiosa. El laicado ganaba méritos sirviendo al Sangha en forma de provisiones y donativos, en compensación por sus preciosas enseñanzas. En el budismo mahayana, el Sangha era importante como conservador y maestro de la tradición budista y de la enseñanza. Pero el laicado tenía un papel más importante; podía rogar directamente a los bodhisattvas y alcanzar la salvación directamente a través de ellos.

6. La relativa importancia de la sabiduría y la salvación. El más alto atributo del budismo theravada es la sabiduría. Su alcance lleva a la meta del Nirvana. En el budismo mahayana, en cambio, "el más alto atributo es la compasión, para llevar a la salvación a toda la cadena de existencias.

7. Las escrituras en pali y sánscrito. Ambas ramas del budismo afirman que sus escrituras o sutras son las enseñanzas directas del Buda, transmitidas directamente a través de las generaciones antes de ser escritas. Las escrituras del Theravada fueron escritas por primera vez en Sri Lanka en el siglo I a. C. Están en pali, un viejo idioma indio. Las escrituras del Maha-

yana fueron escritas más tarde en sánscrito y contienen parte de la misma literatura que los textos del Theravada, pero incluyen una enorme cantidad de libros propios. Los budistas del Mahayana creen que sus nuevos sutras fueron revelados por el Buda a unos discípulos suyos especialmente escogidos.

8. Una escuela y muchas escuelas. La rama theravada tiene solamente una escuela de pensamiento religioso. Sus seguidores aseguran que esta es la misma que la que el histórico Buda utilizó en su tiempo. El Mahayana tiene, en cambio, muchas escuelas. Con su interpretación liberal del budismo se abrió más a nuevas escuelas de pensamiento, las cuales evolucionan constantemente.

9. Expansión por la ruta meridional o septentrional. La rama theravada del budismo se expandió hacia el Sur. Los países de Sri Lanka, Myanmar, Tailandia, Laos y Camboya practican todos el budismo theravada. La corriente del Mahayana apareció en el noroeste de la India. Según la tradición, el rey Kanishka convocó una asamblea budista en la cual se escribieron los sutras. Desde su lugar de origen, el budismo mahayana se extendió hasta China, Corea y Japón.

La secta de la Tierra Inmaculada

Cuando los chinos descubrieron el budismo por primera vez, no tenían idea de la división que existía en su seno. Poco a poco dispusieron de diferentes escrituras a medida que las iban obteniendo. Tal como demuestran los peregrinajes descritos en el capítulo anterior, la primera fase del budismo chino se caracterizó por sus intentos de obtener la mayor cantidad posible de textos.

Más tarde, los chinos hicieron sus propias contribuciones a

la doctrina budista. Primero, sus maestros enriquecieron la religión añadiendo comentarios a las escrituras mahayana. Hsuantsang, por ejemplo, se dedicó a la escuela yogakara y escribió comentarios o interpretaciones de sus textos. Otros estudiosos sintetizaron el gran número de escritos mahayana en un simple sistema coherente.

Los chinos desarrollaron también la escuela de Meditación. En esta tradición, las técnicas de meditación hicieron innecesarias las escrituras. Estas contribuciones chinas fueron importantes, pues fue el budismo chino el que se extendió por Vietnam, Corea y Japón, donde se le añadieron, a su vez, nuevas formas, tradiciones y prácticas.

Pero la contribución china fue más allá de los comentarios eruditos y las técnicas. Sus líderes religiosos desarrollaron métodos de devoción diaria que ayudaron a hacer del budismo una religión popular en el Asia Oriental. Un ejemplo de ello fue la secta de la Tierra Inmaculada, que se centra en el Buda Amitabha.

El Buda Amitabha ("El Buda de la luz sin límites") es uno de los más queridos de los "nuevos" budas del budismo mahayano. Los budistas creen que, en tiempos pasados, eones atrás, cuando Amitabha estaba al borde de la Iluminación, hizo un juramento: cuando hubiera alcanzado su meta, de haber "seres en otros mundos" que oyeran su nombre y pensaran de él favorablemente, él les ayudaría. Luego rogó para que, de no cumplir su juramento, no alcanzara la luz.

Dado que Amitabha se convirtió, de hecho, en buda, no cabía duda alguna de la veracidad de su juramento. Por tanto, se podía acudir a él en cualquier momento.

El paraíso en el cual habita Amitabha se llama la Tierra Inmaculada. En este lugar de esplendor, las hojas y las flores de los árboles son piedras preciosas de todos los colores. En sus aguas crecen lotos más grandes que en ningún otro punto en la Tierra. Los pájaros cantan continuamente, las nubes emiten música y las campanillas de los árboles suenan con la brisa. Los que siguen a Amithaba pueden, algún día, alcanzar esta Tierra Inmaculada.

En China, donde Amitabha se llama A-mi-t'o-fo, la secta de la Tierra Inmaculada se creó en el siglo VII Los devotos budistas de la Tierra Inmaculada creen que, si invocan el nombre de Amida (forma japonesa del nombre Amitabha), él los llevará a la Tierra Inmaculada después de su muerte. Esta simple creencia aportó grandes esperanzas a los sufrimientos del Mundo. Con el tiempo, la simple invocación de este nombre se convirtió en la práctica religiosa más popular en China. En el arte religioso, A-mi-t'o-fo se representaba sentado en su trono de loto, a menudo acompañado de Kwan Yin, el bodhisattva predilecto de China.

El monje chino Honen (1133-1212) llevó la secta de la Tierra Inmaculada a Japón. Lo hizo durante un tiempo de alborotos, cuando líderes militares rivales se hacían la guerra entre ellos. La respuesta de Honen al desorden y sufrimiento fue la total dependencia en la compasión de Amida.

La invocación de Amida no era nada nuevo en el budismo japonés. Honen, sin embargo, hizo de ella el elemento esencial de la plegaria. La repetición de la frase "Namu Amida Butsu" ("Saludo al Señor Buda Amida") era todo lo que se requería para la salvación. Un texto de la secta Tierra Inmaculada declara:

> *La mera repetición (de la frase) con fe firme comprende todos los detalles prácticos... Aquellos que creen en ello, aunque comprendan claramente todas las enseñanzas que Shaka (el Buda histórico) impartió durante toda*

su vida, deben comportarse como personas humildes que no conocen una sola letra, o como las monjas o monjes ignorantes cuya fe es implícitamente simple. Así, sin aires pedantes, deben practicar fervientemente la repetición del nombre de Amida, y solamente esto.

De Bray (202)

Shinran, un monje discípulo de Honen, llevó todavía más lejos las ideas de su maestro. Declaró que la mera expresión de la frase, solamente una vez en la vida, llevaba a la salvación. En un gesto chocante, Shinran tomó una esposa, rompiendo así su voto monástico de castidad. Lo justificó diciendo que la gracia de Amida era todo lo que importaba; la disciplina de los votos monásticos carecía de importancia. Declaró que la familia y el hogar eran el marco más apropiado para la vida religiosa. Shinran organizó a sus seguidores en la secta de la Tierra Inmaculada, y hoy su grupo forma el núcleo budista más importante de Japón.

La escuela de Meditación

Otra escuela de budismo mahayana que se desarrolló en China fue la escuela de *Ch'an* (meditación). La meditación ha sido siempre importante en el budismo. El mismo Buda, sentado debajo de la higuera, alcanzó la Iluminación meditando. La escuela de Meditación tenía, pues, un sentido especial en el consejo del Buda: "Mira hacia dentro. Tú eres el Buda".

La llegada a China en el 520 de Bodhidharma, un monje misionero indio, puso en marcha la escuela Ch'an. Según la tradición, Bodhidharma fue a China para restaurar el espíritu original de la religión. A poco de llegar, se reunió con el emperador chino, quien le explicó todo lo que había hecho para promover la religión. El emperador preguntó a Bodhidharma: "¿Qué mérito he obtenido por mis actos?". A lo que Bodhidharma respondió: "Ninguno". Luego el emperador le preguntó a Bodhidharma cuál era según él el primer principio del budismo. "Un enorme vacío", respondió Bodhidharma.

Entonces Bodhidharma se retiró a un monasterio, donde permaneció nueve años. En todo aquel tiempo meditó constantemente de cara a una pared blanca. Se dice que, cuando sus párpados empezaban a bajarse por la fatiga, se los cortó y los arrojó a un lado. Allí donde cayeron crecieron plantas de té. El té adquirió popularidad a raíz de utilizarlo los monjes budistas como estimulante para mantenerse despiertos durante la meditación.

En la escuela de Ch'an, la meditación fue el punto central de sus prácticas religiosas. La meditación no era tan solo un método o medio de intuir el cuerpo de la esencia, sino el único camino. En efecto, la meditación era más que un medio. Se creía que era el descubrimiento de la verdad en acción. En la persecución de este objetivo, los seguidores se encontraban libres de abandonar el estudio de las escrituras por un acercamiento intuitivo hacia la Iluminación. Las técnicas de meditación pasaban del maestro al alumno en una transmisión completamente personal de las percepciones.

La escuela Ch'an se vio influida por dos filosofías originarias de China. El confucianismo y el taoísmo enseñaban que los humanos eran básicamente buenos. Las personas solo necesitaban una guía y apoyo para utilizar su sabiduría esencial. Confucio decía que las personas debían tener sus mentes en el aquí y ahora. Los taoístas decían que las personas debían seguir su propia naturaleza. "Todo es lo que es", y la comprensión de esto era una forma de iluminación. Para incrementar la intuición, los taoístas habían utilizado a menudo acertijos y paradojas. El budismo Ch'an combinaba esta técnica con una perspectiva práctica. Además, rompiendo la tradición, se requería a los monjes para que efectuaran alguna labor física.

La escuela de Meditación china desarrolló el kung-an (koan en japonés). Se trataba de una declaración paradójica para agitar la mente. Un maestro contaba a sus alumnos cuentos de misterio cuyo argumento era oscuro. O bien, el maestro ponía una serie de preguntas aparentemente incontestables. Por ejemplo: "¿Cuál es el sonido de una mano aplaudiendo?". Mientras el alumno meditaba sobre estos cuentos o preguntas, los maestros solían hacer algo para asustarles. Podían gritar al oído del alumno o incluso darles un golpe seco con un bastón. El propósito era sacudir al alumno para colocarlo en un estado que captara tanto la palabra de meditación como el mundo físico. Combinando ambas cosas a la vez se conseguía que el alumno fuera consciente de la verdadera naturaleza de las cosas. Así podía alcanzar la meta del *tathagata*, según la filosofía yogakara.

La escuela de Meditación se extendió a Corea y Vietnam, pero donde ejerció su máxima influencia fue en Japón. Conocida allí como *Zen,* combina los conceptos místicos de la versión india con el enfoque práctico y las técnicas de los chinos. La meta consistía en conseguir *satori* o Iluminación. El budismo zen contaba con dos escuelas principales. Ambas fueron trasmitidas a Japón en el siglo XII y principios del XIII.

Eisai era un monje japonés que estaba desalentado por considerar desfasada la religión de Japón. Viajó a China en busca de nuevos estudios y allí se sintió atraído por la escuela Ch'an. Después de haber alcanzado la Iluminación, Eisai volvió a Japón como maestro de Zen. Instaló su escuela, llamada el Rinzai, y pronto atrajo alumnos. El Rinzai utilizaba *koans* como ayuda para limpiar la mente para la meditación. Pensando en ellos era como podía llevar a cualquiera a la preparación para el satori. Eisai calificaba así su doctrina: "Por fuera favorece la disciplina por encima de la doctrina; por dentro facilita la más alta visión interior".

Dogen, el segundo fundador del Zen japonés, fundó la escuela Soto. Los seguidores de Dogen utilizaban la meditación zazen como manera de alcanzar el satori. Zazen significaba sentado (Za) y meditación (Zen). Un seguidor de Dogen describió el proceso:

> *En un lugar silencioso, coloca un grueso cojín y siéntate en él en una postura erguida. Ahora, ante todo, saca el abdomen hacia fuera y pon en él tu fuerza.*
>
> *Coloca los hombros en línea recta debajo de las orejas, y el ombligo directamente debajo de la nariz. Mantén la columna recta. La boca debe estar cerrada, pero puedes tener los ojos ligeramente abiertos. El respirar suavemente te ayudará a asegurar la postura correcta. Luego medita sobre el texto que te ha sido dado o, en el caso de principiantes, hay un método que consiste en contar los respiros y evitar todo pensamiento que pueda llevar a la distracción.*
>
> *Entrando así en el samadhi, o pureza sin estorbo, sigue en tu meditación.*
>
> *(Conze 134-135)*

Ambas sectas del Zen compartían muchas creencias y prácticas. Cada una veneraba al Buda histórico. En ambas, la instrucción iba de un maestro a sus discípulos. Cada secta creía que dentro de toda persona era posible el despertar de la mente del Buda. Ambas afirmaban que la devoción religiosa se expresaba en el trabajo diario.

El Zen se convirtió en la religión de la clase guerrera en Japón. Los guerreros, o samurái, se vieron atraídos por una religión en la que no era necesario estudiar textos filosóficos u observar rituales. Era simple y estimulaba la disciplina, un rasgo honorable para el guerrero. El Zen sirvió, asimismo, de inspiración a las artes propias de Japón.

Budismo tántrico

Alrededor del siglo V de nuestra era surgió en la India una nueva variedad de budismo. Se llamaba Vajrayana, o budismo tántrico. Los dos nombres revelan la singular naturaleza de su relación con el budismo mahayana. La palabra "vajrayana" ("el rayo" o "vehículo diamante") implica que es toda una nueva corriente de budismo. El rayo es el símbolo de la última realidad, o el vacío. Pero la filosofía mahayana es la razón fundamental del Vajrayana, aunque este utilizaba una nueva técnica para alcanzar la salvación: el *tantra*.

Tantra es el nombre con que se denominan los manuales o guías que contienen las técnicas para alcanzar la Iluminación. El *tantrismo* desarrolló un sistema de creencias y prácticas comprendidas solo por sus adeptos, llamados gurus, los cuales eran expertos en el uso de manuales. Los tantras utilizaban hechizos mágicos (mantras), diagramas ocultos (mandalas) y gestos manuales simbólicos (mudras).

Los métodos tántricos eran practicados indistintamente por hindúes y budistas. La meta consistía en alcanzar una unión mística con la realidad más allá de la realidad cotidiana. En el hinduismo se simbolizaba como la unión entre un dios y su consorte. En el budismo, la unión se hacía entre bodhisattvas o budas y un consorte femenino. A través de la meditación, el devoto alcanzaba una unidad interior con el buda o bodhisattva, experimentando la felicidad y la Realidad Suprema.

El Vajrayana devino parte del budismo del Nepal, China y Japón. Pero su gran desarrollo y elaboración tuvo lugar en el Tíbet. Según la tradición, el monje indio Padmasambhava introdujo el tantrismo en el Tíbet. Allí, un guru fue llamado lama. Un lama no necesitaba ser monje. Los conocimientos del tantra eran todo lo que se requería. El lama llegó a tener tanta importancia en el Tíbet que a su religión se la llama a veces lamaísmo.

El deber principal de un lama consistía en guiar a un moribundo mientras su espíritu abandonaba su cuerpo. Durante cuarenta y nueve días, el espíritu existiría en *bardo*, un estado entre la muerte y la reencarnación. Durante este período, las instrucciones del lama ayudarían al espíritu a alcanzar la Iluminación, o bien la reencarnación.

En el siglo XIV, un guru tibetano, Mar-pa (1012-1096), renovó la tradición tántrica después de estudiar en la India. Mar-pa era un padre de familia que llevaba la vida ordinaria de un agricultor. Sin embargo, tradujo las escrituras sánscritas del budismo y reunió discípulos, a los cuales reveló los secretos y las prácticas del tantrismo que había aprendido en la India. Espiritualmente se consideraba descendiente de un buda llamado Vajradhara ("Mantenedor del Vajra").

El más famoso discípulo de Mar-pa fue Mi-la-ras-pa (1012-1135). Durante muchos años, Mi-la-ras-pa meditó en cuevas de las altas montañas del Himalaya, practicando y desarrollando las técnicas que había aprendido de Mar-pa. Sus poderes incluían la habilidad de desarrollar calor interno, de forma que, incluso en los inviernos más crudos de las montañas más altas del mundo, llevaba únicamente una delgada túnica blanca, tejida con algodón.

Ni Mar-pa ni Mi-la-ras-pa fueron nunca ordenados como

monjes. Pero tuvieron mucha importancia en el budismo tibetano como creadores de una poesía que expresaba sus experiencias religiosas personales. Con ella se inició una tradición que ha perdurado en el Tíbet hasta nuestros días.

Hacia finales del siglo XII entraron en el Tíbet oleadas de indios que huían de los invasores musulmanes que devastaron el norte de su país. Antes de esto, peregrinos tibetanos habían ido a la India en busca de conocimientos espirituales. Ahora, los tibetanos empezaban a ver sus propias tierras como centro espiritual del budismo. Creían que el mismo Buda había profetizado este destino. El bodhisattva Avalokitesvara empezó a ser honrado como patrón del Estado tibetano.

En el siglo XV, un líder religioso llamado Tsong-kha-pa fundó la escuela Ge-luk-pa. Era importante por dos razones. La primera, porque la Ge-luk-pa devino la escuela dominante en el budismo tibetano. Tsong-kha-pa fundó monasterios cerca de Lhasa, la capital, e hizo de esta ciudad el centro de su grupo religioso.

La segunda razón fue que el tercer sucesor de Tsong-kha-pa fue el primer Dalai Lama ("Océano de Sabiduría"). Se cree que él y sus sucesores son reencarnaciones de Avalokitesvara. En los siglos siguientes a la muerte del Dalai Lama, se impuso la misión de realizar una búsqueda para localizar a un niño que fuera su última encarnación. Una vez encontrado, el niño era educado por los lamas mayores preparándolo para su papel posterior. En 1642, un jefe mongol converso colocó al Dalai Lama en el trono del Tíbet, haciéndole líder del país, tanto en el terreno temporal como religioso, un cargo que duró hasta 1959, cuando el gobierno comunista tomó el control del Tíbet.

La doctrina tibetana reconoce tres vehículos para alcanzar la meta final del budismo. Los métodos tienen en cuenta los diferentes niveles de preparación espiritual de los practicantes.

Pintura de Buda en templo budista de Bylakuppe, India.

La pagoda de Shwedagon, en Rangún (Myanmar). Templo donde los devotos rinden culto a la imagen del Buda allí entronizada.

Sentado en la posición de loto, ***Padma Asana,*** el Buda enseña el Dharma. Su moño simboliza la sabiduría y los alargados lóbulos la vida principesca antes de convertirse en mendigo.

Vista del templo de Wat Phra Keo, en Bangkok, Tailandia.

Los budistas conmemoran el nacimiento del Buda, la Iluminación y el Parinirvana (traspaso final) el mismo día del año, con una celebración llamada Wesak o Vaishakha.

Vista del monumental templo de Borobudur, en Java.

Siddhartha en su ayuno, en busca de la Iluminación.

Templo de Bodh Gaya (India). El árbol se encuentra donde se cree que creció el original, debajo del cual el Buda esperaba la Iluminación.

Una pintura tibetana de principios del siglo XIX representa la Rueda de la Existencia, la cual muestra las causas del sufrimiento y las fases de la transición indefinida.

Estatua de Ananda. Ananda era primo del Buda y uno de sus principales discípulos. Estatua china del siglo IX.

Esta fotografía de 1890 muestra a cuatro sacerdotes budistas chinos celebrando una ceremonia en su atuendo tradicional.

Exquisitamente esculpido con símbolos budistas e historias de Jataka, este portal de seis metros de alto del stupa con la cúpula más grande del mundo, se halla en Sanchi, India.

Monjes budistas encienden velas e inciensos en la pagoda de Shwedagon, en Rangún (Myanmar), el templo budista más grande del mundo.

Templo de Kamakura. Obsérvese la estatua del Buda meditando (Diabutsu). El templo es famoso en Japón por este colosal Diabutsu.

El monje Kodo Sawaki practicando zazen, sus manos hacen el "mudra cósmico", común en el Zen japonés.

Estatua de un Bodhisattva Maitreya, monje budista que está al borde de alcanzar el Nirvana, pero que jura renunciar a él a fin de ayudar a todos los seres vivientes a alcanzarlo.

El primero de estos métodos es el Theravada, el cual lleva al devoto, a través de su autodisciplina, al objetivo de la autoemancipación. Muchos monjes practican esta disciplina. El segundo es el Mahayana, que es el camino que lleva al discernimiento filosófico para la misión de salvar a otros. El tercero es el Vajrayana, camino de ritos tántricos y meditaciones místicas. En un nivel más alto, estas tres disciplinas son vistas como sucesivos pasos en el Vehículo Único (Ekayana). Los lamas dedican de catorce a veinte años a estudiar los primeros dos vehículos antes de considerarse preparados para abordar los tantras. Estos libros explican los rituales, la meditación mística y la magia que puede llevar a la Sabiduría Suprema. Solo maestros especialmente cualificados pueden conducir al adepto a través de esta fase. Los tres caminos del Tíbet han hecho de este país un museo virtual del budismo.

Capítulo V
La literatura del budismo

Cerca de la cumbre del monte Kaya, en Corea, enclavado entre una arboleda y las aguas que bajan en cascada de las montañas, se halla uno de los más famosos santuarios budistas: el complejo del templo Haein. "La impermanencia de las cosas" se pone aquí de manifiesto por una breve floración de cerezos en primavera y un brillante follaje de llamativos arces y dorados robles en otoño. Miles de visitantes llegan todos los años a las noventa y tres estructuras de madera que incluyen un monasterio donde, día y noche, los monjes cantan sutras budistas.

Pero la parte más importante del templo Haein es su biblioteca, la cual ocupa dos edificios que tienen casi 600 años. Contienen más de 80.000 bloques de madera que eran originalmente utilizados para imprimir copias de las escrituras budistas en papel de arroz.

Los bloques fueron cincelados por orden del rey Kojong de Corea en el siglo XIV. En aquel tiempo, los invasores mongoles ocuparon este país, y el rey patrocinó el proyecto para asegurar el favor divino a los coreanos. Durante un período de dieciséis años se completó un total de 81.258 bloques. Cada bloque de abedul, cincelado en ambos lados, mide unos 23 x 68 cm.

Los coreanos consiguieron expulsar a los mongoles y los preciosos moldes fueron almacenados en el templo Haein, cerca de lo que es hoy la ciudad de Taegu. Al haber sido la madera tratada para evitar que se pudriera, los bloques han sobrevivido hasta nuestros días y forman la colección monográfica de escrituras budistas más grande del mundo.

Como seguidores de la tradición mahayana, los coreanos conservaron sus formas escritas. Sin embargo, incluso esta enorme colección contiene solo una parte del canon budista completo.

Los budismos theravada y mahayana tienen algunas escrituras en común. Pero al expandirse la corriente mahayana, su literatura creció considerablemente. Hoy las escrituras combinadas de las diversas tradiciones budistas son más extensas que las de cualquier otra religión.

Nunca el budismo tuvo un solo libro como la Biblia o el Corán que todos los creyentes aceptaran. Muchas escuelas de budismo se concentraron en una sola escritura como guía, pero otras posteriores han añadido sus propios escritos. Algunos trabajos, sin embargo, aunque en diferentes lenguas y formas ligeramente variadas, son aceptados por todos los budistas. Las escrituras budistas son un tesoro de sabiduría que constituye un importante archivo espiritual de la humanidad.

Los tres cestos

Durante quinientos años tras la muerte del Buda, sus seguidores memorizaron y recitaron sus enseñanzas. Después del Parinirvana, el Sangha se reunió para ponerse de acuerdo sobre las enseñanzas del Buda. Las conservaron oralmente, pese a que los indios tenían un idioma escrito. Para la tradición india, la pronunciación de las palabras sagradas tenía un valor especial. El hecho de que la mayor parte del canon estuviera en verso y utilizara locuciones corrientes facilitaba la memorización.

Con el paso de los años y la irrupción de diferencias en la religión, se hizo más grande la necesidad de poner por escrito las enseñanzas del Buda. Las primeras escrituras budistas se inscribieron en hojas de palmera poco después del año 43 a. C. en Ceilán. Escritas en lengua pali, se convirtieron en la base bíblica del budismo theravada. Se les dio el nombre de Tipitaka —que significa "tres cestos"— por haber dividido los textos en tres categorías diferentes y haber sido, generalmente, almacenados en cestos.

El primer cesto es el *Vinaya Pitaka*, o "cesto de disciplina". Estos escritos conciernen al Sangha. Estipulan las reglas de disciplina del Buda para los monjes y las monjas. Además, informan sobre la fundación e historia de los primeros monasterios.

La segunda parte del Tipitaka es el *Sutta Pitaka*, o "cesto de los discursos". Este cesto contiene los suttas (sutras en sánscrito), o sermones e historias del Buda y sus primeros discípulos. En estos, el Buda define su doctrina y las prácticas necesarias para alcanzar el Nirvana. El *sutta pitaka* contiene muchas de las más populares obras del budismo. Una de Estas es el último sermón del Buda, llamado "Lámpara dentro de ti". Concluye así:

> *Por tanto, oh, Ananda, sed lámparas dentro de vosotros mismos. Sed refugio de vosotros mismos. Evitad un refugio externo. Agarraos a la verdad como una lámpara. Agarraos a la verdad como refugio. No busquéis refugio en otra parte que no sea dentro de vosotros mismos.*
>
> *(A lphonso-Karkala-238)*

Este segundo cesto contiene el *Theripatha* (canciones de devoción de las primeras monjas budistas). El Theripatha es la colección de poesía sagrada, escrita por mujeres, más antigua del mundo. Entre sus autoras figura la tía y madre adoptiva del Buda, Mahaprajapati.

El tercer cesto es el *Abhiddhamma Pitaka*, o "cesto de la metafísica". Contiene comentarios sobre las enseñanzas del budismo.

Posteriormente —según la tradición, en una asamblea convocada por el rey Kanishka en el siglo II de nuestra era— los budistas mahayana coleccionaron sus escritos en sánscrito. Llamada Tripitaka, esta colección se divide en las mismas categorías y contiene algunos de los mismos trabajos que el Tipitaka. Sin embargo, los budistas mahayana afirman que el Tripitaka contiene doctrinas que el Buda reveló únicamente a sus seguidores más avanzados espiritualmente.

Entre los trabajos más importantes contenidos en el Tripitaka mahayana se halla el Loto Sutra. Al igual que en los Testamentos judeocristianos, el Loto Sutra es alta literatura. Su autor, supuestamente el mismo Buda, emplea una gran riqueza de imágenes y palabras para dar a conocer su mensaje. Hay una historia similar a la parábola bíblica del Hijo Pródigo. El tema del Loto Sutra es la salvación universal y la budificación de sus creyentes. En el Asia Oriental, muchos budistas creen que el Loto Sutra abraza y armoniza todo el espectro del budismo.

Los jatakas

Entre los trabajos más apreciados que se encuentran en el Tipitaka y el Tripitaka están los *jatakas.* En estas historias, el Buda habla de sus vidas anteriores. Según la tradición, el Buda recordó todos sus 550 estados previos de existencia al alcanzar la Iluminación debajo de la higuera.

Algunas de las más atractivas historias jatakas cuentan sus aventuras en encarnaciones anteriores, cuando tomó la forma de un animal. El Buda utiliza estas historias para explicar su doctrina de manera simple. Las historias jatakas siguen siendo populares y han inspirado el arte y el drama en Asia durante siglos.

Cada historia empieza con un acontecimiento que fue la causa de que el Buda la relatara. En el "Haré jataka", el Buda y 500 de sus seguidores llegan a la casa de un laico devoto, descrito como "un terrateniente de Savatthi". Durante siete días, el terrateniente les trata con la máxima hospitalidad en su casa.

Al final de la semana, el Buda elogia al terrateniente por su generosidad, diciendo que "sabios del pasado han ofrecido sus vidas para los pobres que encontraban". Al pedírsele que hable del pasado, el Buda empieza su historia:

Una liebre vivía en un bosque, al pie de las montañas, cerca de un río y de una pequeña ciudad. La liebre tenía tres compañeros: una nutria, un chacal y un mono. Mirando la Luna, la liebre vio que el próximo día sería un día sagrado y dijo a sus compañeros que debían ayunar y prepararse para dar comida a cualquier mendigo que pasara.

Al día siguiente, la nutria fue al río y olió una sarta de peces que un pescador había enterrado en la arena. Los desenterró y preguntó en alta voz: "¿Es esto de alguien?". Pero, dado que el pescador se había ido río abajo, nadie le respondió y la nutria se llevó los pescados a su guarida, diciendo: "A su tiempo me los comeré .

El chacal encontró en la cabaña de un guardabosques dos asadores con carne, una lagartija y un pote de leche. También llamó al propietario, pero al no aparecer nadie, se lo llevó todo a su guarida, pensando: "A su tiempo me lo comeré".

El mono cogió un racimo de mangos de un árbol del bosque, y los escondió en su guarida, diciendo: "A su tiempo me los comeré".

La liebre salió en busca de hierba para comer. Pero pensó que, si pasara un pobre, la hierba no sería un alimento suficiente para él. "No tengo arroz ni aceite", pensó. "Por tanto, si viene un pobre hambriento, le daré mi propia carne".

Esta resolución fue tan virtuosa que conmovió a Sakka en su trono del Cielo. Se disfrazó de brahmán y bajó a la Tierra. Primeramente, visitó a la nutria, la cual le ofreció los siete peces. El brahmán prometió volver al día siguiente. Luego fue a visitar al chacal, el cual le ofreció la carne, la lagartija y la leche. Nuevamente, el brahmán dijo que volvería. Lo mismo sucedió en la guarida del mono.

Finalmente, el brahmán fue a visitar a la liebre. La liebre dijo: "Hiciste bien en venir a mí en busca de comida, y voy a hacerte un regalo que no he hecho nunca a nadie. Pero tú, como hombre de moralidad, no tienes que tomar ninguna vida. Enciende un fuego y, cuando esté listo, yo saltaré encima de él y cuando mi cuerpo esté bien asado, podrás comer mi carne".

El brahmán usó sus poderes sobrenaturales para encender el fuego. La liebre recordó que su piel podía contener insectos, por lo que se sacudió tres veces para que no murieran. Luego saltó al fuego. Pero se encontró allí como si hubiera entrado en una cabaña de hielo.

—¡Brahmán! —exclamó la liebre—, el fuego que has creado no puede siquiera quemarme la piel. ¿Cómo es eso?

—Docta liebre, yo no soy un brahmán. Soy Sakka, y he venido a probarte.

La liebre respondió:

—Tus esfuerzos son inútiles, ya que, si todos los seres del mundo quisieran probar mi generosidad, ninguno encontraría en mí ninguna falta de voluntad de dar.

—Docta liebre —dijo el Brahmán—, que tu virtud sea proclamada al fin del ciclo del mundo.

Sakka cogió una montaña y extrajo jugo de ella, y con este jugo dibujó la silueta de la liebre en la luna. Luego colocó a la liebre en un nido de suave hierba y partió hacia su morada celestial.

La liebre y sus amigos vivieron feliz y virtuosamente y pasaron a una nueva vida de acuerdo con sus actos.

Terminada la historia, el Buda reveló que, en esta existencia, la nutria era Ananda; el chacal y el mono eran otros de sus seguidores, y la liebre "era yo mismo". (Adaptado de *Historias del Buda*, ed. Caroline Rhys Davids)

EL CAMINO DE LA RECTITUD

Ninguna escritura budista ha sido más difundida que el Camino de la Rectitud (el Dhammapada en pali; el Dharmapada en sánscrito). Es una fuente de sabiduría y confortación para todos los budistas. El Camino de la Rectitud es una selección de los breves proverbios que el Buda hizo durante sus cuarenta y cinco años de enseñanza. Hay 423 versos ordenados en veintiséis capítulos bajo temas tales como amistad, pensamiento, severidad, castigo y maldad. Los siguientes son una pequeña muestra:

1. Todo lo que somos es el resultado de lo que hemos pensado; se origina en nuestros pensamientos y está hecho de nuestros pensamientos. Si un hombre habla o actúa con un mal pensamiento, el dolor le persigue, como la rueda sigue la pezuña del buey que arrastra el carro.

2. Todo lo que somos es el resultado de lo que hemos pensado. Si un hombre habla o actúa con un pensamiento puro, la felicidad le sigue, como la sombra que nunca le abandona.

Al que siempre saluda y venera constantemente al anciano, cuatro cosas crecerán en él: vida, belleza, felicidad y poder.

129. Todos los hombres tiemblan ante el castigo, todos los hombres temen a la muerte; recuerda que tú eres como ellos, y no mates ni causes matanzas.

135. No hay desnudez, trenzado de cabello, ensuciamiento o actos de tenderse en el suelo, rozar el polvo o sentarse permaneciendo inmóvil, que pueda purificar a un mortal que no haya vencido sus deseos.

252. La falta de otros se percibe fácilmente, pero la de uno mismo es difícil de percibir; un hombre despaja como el grano las faltas de su vecino; pero su propia falta la esconde, como un tramposo esconde del otro jugador el dado malo.

277. "Todas las cosas creadas perecen". El que sabe esto y lo ve, se vuelve pasivo ante el dolor; este es el camino de la pureza.

278. "Todas las cosas creadas son pena y dolor". El que sabe esto y lo ve, se vuelve pasivo en el dolor; este es el camino de la pureza.

334. La sed de un hombre que no piensa crece como una enredadera; corre de vida en vida como un mono buscando frutos en el bosque.

Un intercambio filosófico

La conversión del rey Menandro (conocido también como el rey Milinda) por Nagasena constituyó un hito en la expansión del budismo. También produjo un importante texto de literatura budista: el Milindapanha, o "Preguntas de Milinda (Menandro)". El Milindapanha está escrito en forma de diálogo entre las dos figuras históricas. El rey Menandro pide a Nagasena que le explique las extrañas o difíciles ideas budistas. Las respuestas de Nagasena, a menudo en forma de cuento, son utilizadas hoy por los maestros budistas para ilustrar puntos clave del Dharma. Por ejemplo:

El rey Menandro preguntó:
—¿Por qué son los hombres diferentes en su naturaleza? Unos

son longevos, enfermizos, feos o débiles, mientras otros son todo lo contrario.

La respuesta de Nagasena se utiliza para explicar el karma, y esta fue:

—¿Cómo es que no todos los vegetales son iguales, sino que unos son agrios, otros salados, otros picantes, otros ácidos, otros astringentes y otros dulces?

—Lo comprendo, señor. Es que todos proceden de diferentes semillas.

—Y por la misma razón, Gran Rey, hay las mismas diferencias entre los hombres que tú has mencionado. Por eso dijo el Iluminado: "Los seres, oh brahmanes, tienen cada uno su propio karma, son herederos de un karma, pertenecen a la tribu de su karma, son parientes por su karma, tienen cada uno su karma como señor protector. Es el karma que los divide entre altos y bajos u otras diferencias".

—¡Muy bien, Nagasena!

De una manera similar, el rey preguntó a Nagasena qué era lo que renacía.

—Nombre y forma —dijo Nagasena.

La respuesta sorprendió al rey.

—¿Se renace con el mismo nombre y la misma forma?

—No —respondió Nagasena—. Por este nombre y por esta forma, los actos, buenos o malos, se han consumado, y por estos actos (karma) renacen otro nombre y otra forma.

—De ser así —dijo el rey—, ¿no se verá el nuevo ser libre de su mal karma?

—Solo si no renace —dijo Nagasena—. Pero, precisamente, porque renace, oh Rey, no está libre de su mal karma.

Nagasena le dio algunas ilustraciones.

—Por ejemplo —dijo—, un hombre enciende una lámpara para tomar su alimento de la noche. La lámpara prende fuego a la paja del tejado. El fuego se propaga a otras casas hasta que todo

el pueblo arde en llamas. Los vecinos culpan al hombre de la lámpara por haber incendiado sus casas. Pero el hombre replica que no fue la llama de su lámpara, sino otro fuego el que quemó sus casas. ¿Cómo resolvería Su Majestad este caso?

El rey dijo que resolvería a favor de los vecinos del pueblo, ya que las llamas que destruyeron sus casas estaban producidas por la llama de la lámpara.

—Exactamente, Gran Rey —dijo Nagasena—, es un nombre y una forma que tienen su final en la muerte y otro nombre y otra forma que renacen. Pero lo segundo es producto de lo primero, y no se libera, por tanto, de sus malas acciones. Este es el significado del karma.

EL LOTO SUTRA

El Saddharma-Pundarika, o "El loto de la verdadera ley", es uno de los más importantes sutras del budismo mahayana. En él, el Buda histórico enseña a un discípulo llamado Sariputra. El sutra es una justificación de las características complementarias del budismo que aparecieron en las formas mahayanas de la religión. Entre ellas se encuentran los "vehículos menores", como los bodhisattvas.

La aceptación de estos "vehículos menores" como parte del budismo es una de las diferencias existentes entre las corrientes mahayana y theravada. Los seguidores del Theravada enseñan únicamente el estricto Dharma original del Buda, el "gran carro" de la parábola. El autor mahayana del Loto Sutra justifica el uso por el Buda de "vehículos menores" como método para asistir a los seres vivientes en el alcance de su perfección espiritual, o budificación. Para ilustrar este principio, el Buda relata la parábola de la casa en llamas.

El Buda propuso a Sariputra que se imaginara a un hombre viejo y rico que posee una gran casa. La casa es vieja, "las bases de sus pilares están podridas, los recubrimientos y el yeso de las paredes desprendidos". Tiene solamente una puerta. Dentro de ella viven muchos hijos pequeños del hombre.

Un día, la casa se incendia y el propietario se escapa a través de la puerta. Pero se da cuenta de que los niños de dentro no tienen conciencia del peligro. El dueño desea salvarlos. Dado que es fuerte, se propone sacarlos a través de la puerta. Pero la puerta es pequeña, y puede resultar difícil agrupar a todos los niños, ya que corren por toda la casa.

Desde su lugar, el dueño los llama, advirtiéndoles del peligro. Pero ellos no oyen sus gritos, pues son demasiado pequeños para comprender siquiera el significado de "fuego".

El propietario de la casa sabe que a los niños les gustan los juguetes, por lo que les dice que tiene tres carros de juguete allí fuera para ellos. Al escuchar esto, los niños se precipitan todos hacia la puerta, cada uno de ellos tratando de ser el primero en salir.

Sin embargo, una vez en el exterior, el padre les da algo diferente. Es un hombre rico y les da a cada uno un carro de verdad, arrastrado por novillos y veloz como el viento. Y piensa: "¿Por qué debo darles a estos niños carros inferiores si son preciosos para mí?"

—Ahora, Sariputra —dijo el Buda—, ¿es este hombre culpable de falsedad por haberles prometido tres vehículos y luego darles únicamente los vehículos grandes?

—No —respondió Sariputra—, puesto que fue una ingeniosa estrategia para persuadir a los niños a salir de la casa que estaba ardiendo y con ello salvar sus vidas.

Buda respondió que el propietario de la casa es como el mismo Buda, quien encontró una manera de salir de este mundo de dolor y sufrimiento. Habiéndose salvado él, quiso también salvar a sus hijos. Pero ellos son ignorantes y piensan disfrutar del mundo. Por ello les habla de estos tres vehículos menores. Atraídos por ellos, los niños adquirirán el conocimiento de las cuatro verdades sublimes: el único y simple gran carro que ha de llevarlos al Nirvana.

MENSAJES CHINOS DE CONSAGRACIÓN

El budismo floreció en China durante la dinastía Tang. Los expertos desarrollaron nuevas escuelas budistas de pensamiento, dando lugar a características diferenciadas. Las disputas filosóficas, sin embargo, ofrecieron poca cosa a las personas ordinarias. Como en el Loto Sutra, la gente se sentía atraída hacia el budismo por los "Vehículos menores", si bien el espíritu esencial del Buda persistía.

Una de las formas con que una persona podía ganar mérito era pagando por tener copias de las escrituras y los sutras. En muchos de los textos copiados había un mensaje explicando la motivación de la persona que pagaba por ellos. Estos mensajes mostraban el significado y el sosiego que el budismo aportaba a la gente ordinaria de China.

He aquí dos ejemplos.

La felicidad no es fortuita; rogad por ella y os responderá; los resultados no nacen del aire; concentraos en el budismo y los resultados vendrán. Esto explica cómo la alumna y monja budista Tao-jung —debido a que su conducta en la vida anterior no fue correcta— nació en su forma actual, una mujer infame y sucia.

Ahora, si no respeta el imponente decreto del Buda, ¿cómo pueden ser favorables para ella las futuras consecuencias? Por tanto, habiendo recortado sus gastos en comida y ropa, reverentemente tuvo el Nirvana Sutra copiado una vez. Ella ruega para que los que lo lean cuidadosamente sean exaltados a la consideración de los más altos reinos y los que comuniquen su significado hagan que otros alcancen esta misma iluminación.

También ruega para que en su existencia actual no tenga más enfermedades ni sufrimiento, que sus padres en siete nuevas encarnaciones (que ya han muerto o morirán en el futuro) y su familia actual, así como sus parientes más próximos, puedan experimentar gozo en los cuatro reinos, y que cuando deseen el traspaso lo encuentren. Finalmente, ruega para que todos aquellos que estén dotados de conocimiento puedan ser incluidos en su plegaria.

La alumna laica Madame Tuan (nacida Chang) ha lamentado siempre que la fragante orquídea, como una burbuja, florezca solo por un día, y que la separación de seres queridos cause tanto dolor. No comprende por qué el Cielo no siente nada por las calamidades que inflige y hace que lo más valioso sea lo primero en ser derribado, como el árbol joven, que es el primero en marchitarse, y las flores más altas las primeras en caer.

Así, pensando en su tercer hijo fallecido, que era el comisario Tuan, oficial de la comandancia local, Madame Tuan ha obtenido reverentemente una copia de esta sección del Sutra de la Luz Dorada. Ahora que la transcripción ha sido completada, ruega para que el espíritu de su hijo pueda visitar los cielos azules, que pueda mezclarse con los inmortales, que pueda viajar personalmente a las Puras Regiones y escuchar los sutras recitados bajo el árbol. También ruega para que nunca pueda aquel pasar a través de los tres infelices estados de existencia o las ocho calamidades, sino que reúna el karma suficiente para posibilitarle acceder felizmente al palacio del loto y al trono florido, que nunca más vuelva a sufrir una vida corta, sino que goce de longevidad en la Tierra Inmaculada y solamente allí pueda tener un renacimiento perpetuo. Su amada madre, pensando en él, ruega para que el karma de ambos sea positivo y puedan gozar de los frutos de la salvación.

Historias del Zen

En al budismo zen, los discípulos recibían su formación de un maestro que ya había experimentado la Iluminación, o satori. Un maestro de Zen podía golpear a sus estudiantes con un sable de madera para sacarles de sus pensamientos ordinarios. Sabía asimismo cómo ilustrar los principios del Zen mediante discursos y acciones de sorpresa. Entre los apreciados textos de esta modalidad de budismo se encuentran varias anécdotas de los maestros del Gran Zen.

1. Joshu preguntó al maestro Nansen:

—¿Cuál es el camino verdadero?

—El camino de cada día es el camino verdadero —respondió Nansen.

—¿Puedo estudiarlo?

—Cuanto más lo estudies, más lejos estarás de él.

—Entonces, si no lo estudio, ¿cómo puedo conocerlo?

—El camino no pertenece a las cosas vistas, ni a las cosas no vistas. No pertenece a las cosas conocidas, ni tampoco a las cosas desconocidas. No lo busques, no lo estudies ni lo nombres. Para encontrarte en él, ábrete tan ampliamente como el espacio.

2. Un monje curioso hizo esta pregunta a su maestro:

—¿Cuál es el camino?

—Lo tienes ante tus ojos —respondió el maestro.

—¿Cómo es que no puedo verlo por mí mismo?

—Porque estás pensando en ti mismo.

—¿Y qué ocurre contigo? ¿Tú lo ves?

—Mientras veas doble diciendo: "yo no", "tú sí", y así sucesivamente, tus ojos estarán nublados.

—Cuando no hay "yo" ni "tú", ¿puede uno verlo?

—Cuando no hay "yo" ni "tú", ¿quién es el que quiere verlo?

3. Uno de los emperadores japoneses había abandonado su trono para seguir el camino del Buda. Se acercó a Gudo, un famoso maestro, y le preguntó:

—¿Qué le ocurre al hombre iluminado después de la muerte?

Gudo le respondió:

—¿Cómo puedo saberlo?

—¡Toma! Porque eres un maestro —dijo el exemperador.

—Sí —respondió Gudo—, pero no soy un muerto.

EL LIBRO TIBETANO DE LOS MUERTOS

Cuando una persona muere, tiene lugar un importante ritual en el budismo tibetano. En la tradición vajrayana, después de la muerte una persona entra en un estado intermedio (bardo) de cuarenta y cinco días entre el fin de una vida y el principio de otra. Durante este período, la persona que está debidamente preparada puede alcanzar el Nirvana. Si esto no ocurre, permanecerá en el ciclo de la reencarnación.

El Libro de los Muertos es un manual espiritual que asiste a los lamas en la preparación de un moribundo para aprovechar este importante cambio y romper el ciclo. Existen diferentes textos del manual. He aquí algunos extractos de una traducción:

(El lama habla al moribundo): *Ahora te transmito la profunda enseñanza que he recibido de mi maestro... Pon atención ahora, y no permitas que otros pensamientos te distraigan... Si sufres, ¡no cedas ante el dolor!...*

Los factores que han creado la persona conocida como (nombre de la persona en trance de muerte) están a punto de dispersarse. Tus actividades mentales se están separando de tu cuerpo y van a entrar en el estado intermedio. ¡Despierta tu energía, para que puedas entrar en este estado autoposeído y en plena conciencia!

Ante todo, se te aparecerá, más rápida que un rayo, el luminoso esplendor de la incolora luz de la vacuidad, y esta te rodeará por todos los lados. Aterrorizado, querrás huir del resplandor... Trata de sumergirte en esa luz, abandonando toda creencia en un ser separado y pegándote a tu ilusorio ego...

Si no consigues la salvación en ese momento, te verás forzado a tener un número de nuevos sueños, tanto placenteros como desagradables. Puede que te ofrezcan la oportunidad de adquirir comprensión... Pero debes saber que todo lo que percibes es una mera visión, una mera ilusión, y no refleja realmente ningún objeto existente. ¡No tengas miedo y no formules ninguna adhesión...!

Tres días y medio después de tu muerte, se te aparecerán budas y bodhisattvas... Aunque son maravillosos y deliciosos, los budas pueden asustarte. ¡No te dejes llevar por el pasmo! ¡No huyas! Ruega ante ellos con intensa fe y humildad, y, en una aureola de luz de arco iris, te fundirás en el corazón del divino Padre-Madre, y tomarás posesión de tu morada en uno de los reinos de los budas.

Capítulo VI
Las artes y el budismo

De Afganistán a Japón y de la India a Indonesia, el budismo ha ejercido una gran influencia en el arte asiático. El budismo ha interactuado en muchas tradiciones nacionales para producir obras de arte y arquitectura de increíble variedad. Los ricamente dorados templos de Rangún y Pagán en Myanmar (antes Birmania) representan un ideal. La madera no acabada y la simplicidad de un monasterio zen japonés representa otro. Este capítulo presentará solamente una pequeña muestra de la herencia artística budista.

En el arte budista primitivo, la figura del Buda no se mostraba. "Tras la disolución del cuerpo más allá del fin de su vida", reza un texto budista, "ni los dioses ni los hombres lo conocerán". El Buda histórico, después de su Parinirvana, había pasado a la invisibilidad; por tanto, no habría sido apropiado crear su imagen humana. En su lugar, el Buda era señalado solamente con símbolos. El árbol sagrado, un trono vacío, pisadas del Buda, una rueda, o un caballo sin jinete.

A principios de nuestra era, el criterio artístico empezó a cambiar. En los siglos que siguieron, la imagen del Buda ha tenido un papel tan importante en el arte asiático como la de Cristo en el arte europeo. Los artistas asiáticos trabajaron para expresar las cualidades de la Iluminación en forma física. El budismo facilitó un estímulo al arte del más elevado orden espiritual.

La imagen del Buda

La primera imagen del Buda aparece en una moneda estampada por el rey Kanishka. La imagen de la moneda muestra un

Buda de pie vestido con una túnica monástica, con un moño encima de la cabeza y los lóbulos de las orejas alargados. Una aureola rodea su cabeza y tiene una mano levantada en un gesto de bendición.

El imperio Kanishka fue la cuna de la escultura dedicada a representar al Buda. Había dos estilos diferentes. En Gandhara, situada en la parte norte del Imperio, el estilo reflejaba la herencia grecorromana. El Buda aparecía vestido con túnicas de estilo griego. Su cabeza lucía esculpida con una espesa cabellera.

Otro estilo, influenciado por el arte hindú, apareció en Mathura, al sur del Imperio. Los budas de Mathura estaban vestidos con un ligero dhoti indio, o camisa larga. El cabello aparecía estirado y atado en un moño. Moldeadas con piedra arenisca, estas imágenes eran parecidas a los estilos de escultura india, con curvas suaves y delicadas. El Buda sonríe amablemente. De estas dos tradiciones nació la clásica imagen budista. Tiene ciertas características que la hacen inmediatamente reconocible, a pesar de las diferentes tradiciones nacionales y étnicas.

En general, la imagen del Buda es sonriente. La sonrisa del Buda sugiere una experiencia de belleza no terrena. Representa un ideal de calma y paz interior. A menudo tiene los ojos cerrados, pero el Buda no está durmiendo; está mirando hacia dentro.

Muchas veces, el Buda se representa sentado en un trono de loto. Esta planta tiene en el budismo un profundo significado simbólico. Las raíces están enclavadas en el barro debajo del agua, pero la flor brota por encima del agua. De la misma forma, el Buda vivía en un mundo corrupto, pero mantuvo su pureza.

La santidad del Buda se indicaba también con unas marcas llamadas lakshanas. Se creía que el Buda tenía treinta y dos lakshanas o signos de que era un iluminado. La que se ve con más frecuencia en las representaciones gráficas es una aureola que rodea su cabeza, o incluso todo su cuerpo. Llamada la prabhamandala, indica su divinidad. El moño o protuberancia (el ushanisha) en lo alto de la cabeza representa el supercerebro con cuya sabiduría suprema el Buda consiguió su Iluminación. Los lóbulos largos de las orejas indican que, como príncipe, el Buda llevaba grandes pendientes de oro y piedras preciosas; por tanto, son un recuerdo de su renuncia a los bienes materiales. Finalmente, la urna, o marca en la frente, es un signo de discernimiento espiritual. En algunas estatuas, la urna puede tener incrustada una piedra preciosa.

La figura del Buda fue representada en varias posiciones, o asanas, apropiadas para la enseñanza, adoración o meditación. Los gestos de sus manos (mudras) fueron también objeto de convencionalismos. La mano derecha en alto con la palma hacia fuera y los dedos señalando hacia arriba es una postura de enseñanza. En la posición que significa meditación profunda muestra las manos en el regazo, palmas hacia arriba, con la derecha sobre la izquierda.

Las imágenes del Buda se extienden más allá de la India. En China, el primer arte budista se vio influenciado por el estilo Gandhara. Estos Budas fueron hechos de bronce dorado con muchos pliegues concéntricos en los vestidos. Contrariamente a la tradicional semi-desnudez de los dioses y diosas indios, las esculturas chinas estaban cubiertas con pañuelos, chales y faldas. Con el tiempo, la imagen del Buda tomó un aspecto distintivo chino.

El Buda coreano de Seokguram Grotto, situado en el monte Toham, es uno de los grandes logros del arte asiático. Esculpido directamente en la cara rocosa de una montaña, un monumental Buda mira hacia la distancia en dirección al mar. Está sentado en la postura de Iluminación. Sus piernas están plegadas en "posición de loto". La mano izquierda se presenta con la palma hacia arriba en el regazo, y la derecha descansa palma abajo en la rodilla derecha. El sol de la mañana hace centellear una urna en su frente. La postura fue diseñada para crear una experiencia espiritual en el observador.

En Bamiyan (Afganistán actual) se esculpió un Buda monumental en un alto acantilado. Es el Buda Vairocana, el Buda cósmico y omnipotente. Según la leyenda, habita en una flor de loto gigante de 1.000 pétalos. Cada pétalo es un universo en sí mismo, con muchos mundos. El Buda, que guarda la ciudad y la carretera que cruza el Asia Central, es considerado el Señor del Mundo. El inmenso tamaño del Buda pretende indicar su condición de sabio universal.

Otro Buda Vairocana fue creado en Nara (Japón). En el siglo VIII, el emperador japonés pidió contribuciones para este Buda con el fin de cumplir con una promesa que había hecho cuando una epidemia de viruela azotó el país. Con dieciséis metros de altura y un peso de más de 200 toneladas, la fundición de la imagen de bronce fue una tarea enorme. Para dorarlo se necesitaron 230 kilogramos de oro. Orgullosos de su obra, los japoneses destinaron la estatua al templo de Todaiji en el 752, exactamente doscientos años después de haber recibido su primera imagen de Corea. En el acto de consagración —llamada "apertura de ojos"—, el Gran Buda fue presentado al pueblo en la celebración más grande que jamás hasta entonces se hubiera visto en Japón.

El Buda Acostado de Sri Lanka es también de un tamaño enorme. La postura representa la muerte del Buda, o Parinirvana. En Tailandia hay singulares Budas andando, algunos con los brazos ondulados, que representan otra de las *asanas* del Buda, la semejanza de sus miembros con la trompa de un elefante.

Cualquiera que haya sido la pose, la figura del Buda ha sacado a relucir lo mejor de los artistas asiáticos. La mayoría de estas obras fueron realizadas por monjes budistas anónimos, cuyos trabajos de escultura eran un acto de devoción. El creciente panteón de bodhisattvas y budas del pasado y futuro acrecentó la inspiración en el arte.

LA IMPORTANCIA DEL "STUPA"

La arquitectura budista empezó de una manera muy simple con el *stupa*. Se trata de una estructura en forma de montículo, originalmente utilizada para cubrir las cenizas y reliquias del Buda.

Los primeros *stupa* fueron construidos con ladrillos de barro y, por tanto, estaban sujetos a su degradación. De apariencia, estas estructuras eran simples y carentes de cualquier inspiración. Sin embargo, el *stupa* quedó como diseño arquitectónico básico de los templos budistas. Su estructura circular lo convertía en perfectamente representativo —en forma tridimensional— de la rueda del Dharma.

A través del tiempo, los *stupa* fueron más elaborados. El montículo que guardaba la reliquia aumentó de tamaño. Su cumbre solía ser achatada y la cúpula se hallaba rodeada de una barandilla. El punto más alto representaba el cielo de los dioses que gobernaban el mundo visible. Con frecuencia, una sombrilla (o una serie de ellas) se alzaba en lo alto como símbolo del poder real, el poder del Buda y su Dharma.

El *stupa* antiguo más importante se encuentra en Sanchi (India Central). El Buda nunca visitó Sanchi, pero Asoka sí lo hizo. Era el lugar donde se situaba el monasterio desde el cual Asoka mandó a Mahinda a Sri Lanka para convertir aquel país al budismo. La esposa de Asoka, Devi, fundó el monasterio, y su esposo empezó más tarde el *stupa* para conmemorar la traída del Dharma a Sri Lanka. El edificio original medía unos cinco metros de diámetro y unos ocho de alto.

Con el tiempo, el *stupa* de Sanchi se dobló en tamaño y sus viejas barandillas de madera fueron sustituidas por grandes balaustradas de madera, de tres metros de altura. (En Estas se encuentran hoy inscritos los nombres de los peregrinos que lo han visitado a través de los siglos).

Para reforzar la cúpula, esta fue cubierta de bloques de piedra y coronada con una sombrilla triple. Los tres niveles de la sombrilla representan las Tres Joyas del Budismo: el Maestro (Buda), la Ley (Dharma) y la Comunidad de Monjes (Sangha). Cuatro portales magníficamente esculpidos, cada uno de unos diez metros de alto, dan entrada al *stupa* desde los cuatro puntos cardinales. Los pilares cuadrados representan varios acontecimientos de la vida del Buda y sus vidas anteriores. Es una representación escultórica del Jataka.

Hacia el siglo V de nuestra era, la primitiva cúpula de ladrillo del *stupa* de Sanchi fue completamente transformada en una "montaña del mundo". En la base hay cuatro imágenes del Buda, de cara a cada uno de los portales. La sombrilla triple une simbólicamente el cielo con la tierra a través de la, gran cúpula.

Nadie podía entrar libremente en el *stupa*, ya que estaba completamente sellado. El topo no era un lugar de culto, sino un depósito para guardar la reliquia. Tradicionalmente, los budistas rendían homenaje a los lugares sagrados caminando a su alrededor (circunvalación). En Sanchi se construyó un camino de piedra alrededor del edificio y a cinco metros del suelo, con una escalera para que los fieles pudieran acceder a él.

El *stupa* más grande del mundo se halla en la isla de Java (Indonesia). Java era visitada por comerciantes y misioneros, siendo habitada por colonizadores indios que habían llevado a la isla el hinduismo y el budismo. En el siglo VIII, Java fue el centro de un imperio marítimo gobernado por la dinastía Sailendra (Rey de la Montaña). Los reyes Sailendra eran fervorosamente budistas, y bajo su patronazgo la isla experimentó un florecimiento de la cultura. La mayor realización de los Sailendra fue el Borobudur, que significa "Monasterio de Virtud Acumulada".

El *stupa* gigante de Borobudur simboliza la visión budista mahayana del universo y se compone de seis terrazas cuadradas, sobre las cuales descansan otras tres de forma circular. El *stupa* es el símbolo de la visión budista mahayana del universo. En los niveles inferiores pueden verse unos relieves que muestran a los humanos encerrados en el ciclo de la reencarnación. Más arriba hay bellas escenas de la vida de Siddhartha Gautama. También se observan los retratos de varios bodhisattvas. Esculpidas en las terrazas circulares superiores hay imágenes del Buda en contemplación. En el punto más alto se halla un gran topo sin decorar. Representa lo eternamente no visto: el Vacío, o Nirvana. El *stupa* entero muestra en piedra el camino que la humanidad puede seguir para llegar al Nirvana, según el punto de vista del Mahayana. Todos los años llegan a la capilla peregrinos para venerar los tres más importantes acontecimientos de la vida del Buda: Nacimiento, Iluminación y Muerte.

En China, el *stupa* evolucionó convirtiéndose en pagoda, o sea una alta torre de varios pisos. Las pagodas chinas son de forma octagonal y siempre tienen un número impar de pisos, que puede variar de tres a trece. Al igual que los *stupa* indios, contienen reliquias del Buda. Tras la aceptación del budismo en China, proliferaron las pagodas en todo el país. Sin embargo, estaban hechas de madera y pocas han sobrevivido. Una de ellas, la pagoda del Gran Ganso, sigue en pie en la anterior capital, Changan (hoy Sian).

La expansión del budismo desde China a Corea, Vietnam y Japón trajo consigo el estilo arquitectónico de pagoda de varios pisos. Hacia el siglo VII de nuestra era podían encontrarse pagodas en los tres países. Generalmente formaban parte de complejos que comprendían centros de estudio y un edificio o sala de culto. Las salas de culto debieron fomentar el sentimiento religioso. Generalmente tenían un enorme tejado en la parte alta y un espacioso interior. No obstante, la luz no era muy intensa, lo cual estaba hecho a propósito para infundir el debido respeto a la gran imagen de la deidad. En el exterior, como acceso al lugar de culto, había un portal decorado con imágenes de las deidades guardianas según el budismo del Mahayana.

En Myanmar (Birmania), la cumbre del *stupa* era de forma alargada, como una aguja distintiva. Uno de los más bellos ejemplos es el templo de Shwedagon, en Rangún. El templo contiene ocho cabellos sagrados del Buda.

La construcción de pagodas fue objeto de una urgencia singular en Myanmar (Birmania). Después de que el rey Arawrahta tomara posesión de las escrituras budistas en la ciudad Mon de Thaton, alrededor de 1060, se las llevó a Pagan, su capital, en cajas enjoyadas sobre elefantes blancos. Empezó a construir pagodas para demostrar su piedad religiosa. Los laicos, ricos y pobres por igual, fueron estimulados a sumarse al esfuerzo y a ganar con ello un mérito espiritual, o un buen karma.

A partir del año 1044 hasta el 1300 aproximadamente, los reyes de Birmania y los ciudadanos comunes se lanzaron frenéticamente a la construcción. Una lápida conmemorativa del siglo XI se refiere a un rey que pagó con seis carros llenos de plata a los artesanos para construir una pagoda en su nombre. Los reyes exigían que se respetaran sus normas. Uno amenazó con ejecutar a un albañil si podía insertarse una aguja entre dos ladrillos de la pagoda. Lo que costaba la instrucción no tenía importancia, ya que Pagan se convirtió en una ciudad próspera a través del comercio entre la India y Sri Lanka.

Durante este período de 250 años se construyeron cinco mil pagodas, creándose un verdadero bosque de torres en el llano donde se encuentra la ciudad. La obra total corresponde a unas dos pagodas por mes. Todas eran diferentes —algunas ornamentadas, otras simples, grandes y pequeñas—, siendo muchas de ellas decoradas con abundancia de pinturas murales y esculturas. El enorme esfuerzo de Pagan no tiene precedentes en la historia.

La frenética construcción terminó cuando el caudillo mongol Kublai Khan derrotó a los birmanos en batalla. Pagan no recuperó nunca su anterior grandeza política. Con el tiempo, muchas de las pagodas se deterioraron o fueron destruidas. Pero, aun así, todavía quedan hoy en pie unas dos mil, un reflejo fantasmagórico del pasado esplendoroso de la ciudad.

Complejos monásticos

Al mismo tiempo en que los *stupa* y las pagodas se extendían en Asia, se desarrolló otro tipo de edificio: el monasterio budista. La estructura se componía de salas de culto (chaitya) y alojamiento (vihara), con celdas individuales para los monjes.

En algunos casos, estas salas y cámaras no fueron construidas de madera o piedra, sino talladas directamente en grandes formaciones de roca. Esta clase de arquitectura era preferida por los monjes budistas por muchas razones. Primero, era duradera y estable. Segundo, este modo de vida preservaba la tradición de los ermitaños y ascetas que vivían en cuevas. Tercero, las montañas se hallaban en zonas ideales para el retiro. La montaña escarpada se convirtió en el perfecto santuario para los monjes budistas.

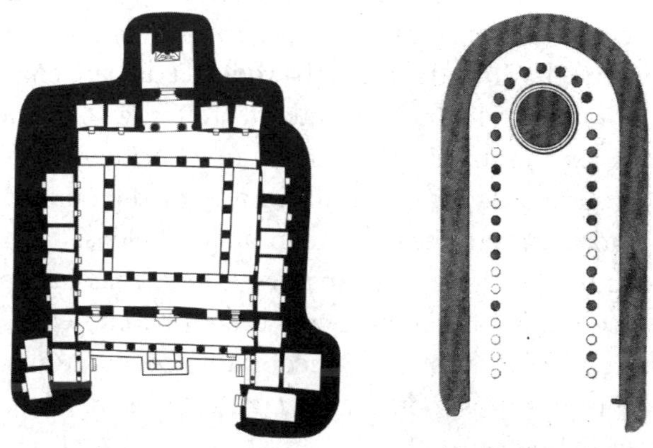

Ejemplos de plantas arquitectónicas de una vihara y una chaitya, respectivamente.

Algunas de estas construcciones talladas en la piedra crecieron hasta tener un tamaño inmenso. Al observar hoy esta escultural arquitectura, el visitante se queda perplejo al saber que fue excavada por monjes que esculpieron el acantilado centímetro a centímetro. Ante todo, se ideaba un plan general. Luego los monjes tallaban una tosca abertura que al final se convertiría en el techo acabado. Esto les permitía trabajar pacientemente a través de cientos de metros cuadrados de piedra sólida y finalmente alisar el suelo de la cámara. La piedra innecesaria se retiraba, y luego, a la roca todavía empotrada en la tierra, se le daba la forma aproximada utilizando picos de hierro. Finalmente, el acabado se realizaba con cinceles de mano.

Dentro de la sala del *chaitya* se colocaba un *stupa* de piedra. El *chaitya* estaba dispuesto como una cámara larga dividida en dos hileras de columnas. En un extremo redondo, o ábside, ambos lados se encontraban y formaban una curva alrededor del *stupa*, el cual albergaba reliquias y tesoros del monasterio.

Los *vihara*, o residencia de los monjes, eran generalmente diseñados como salas cuadradas accesibles a través de un portal o de un porche. La entrada se hallaba rodeada de pequeñas celdas para los monjes, talladas profundamente en la roca. Aquí los miembros del Sangha vivían, meditaban y dormían en la proximidad de su sala de oración y el *stupa*. A medida que crecía la comunidad sacerdotal, se excavaban nuevas celdas.

En el curso del tiempo se añadieron pequeñas habitaciones para el estudio. Finalmente, se creó todo un complejo. Consistía en la cámara común, un comedor, una cocina, un depósito de agua y celdas. Los monasterios eran centros de formación y del gran arte budistas.

Los monasterios excavados en cuevas eran particularmente famosos por sus murales. El más grande de los murales indios se halla en Ajanta, en la región del sur de la India conocida como Decca. Situadas en un alto farallón cercano a la ciudad de Aurangabad, las cuevas han albergado a monjes nada menos que desde el 200 a. de C. Han sido descubiertas treinta cuevas, cinco de las cuales son chaitya, o capillas de culto, y el resto son vihara, donde vivían los monjes. El lugar fue abandonado hacia el año 650 de nuestra era y no fue redescubierto hasta 1819.

Los gloriosos frescos fueron inspirados por las dos principales tradiciones del budismo: Mahayana y Theravada. Del suelo al techo, las paredes vibran de colores y formas. La piedra fue preparada con varias capas de material, terminando con una muy fina de yeso blanco. Después de pintar, los murales fueron pulidos para darles un lustre que los siglos han deslucido solo muy ligeramente. Incluso con poca luz, las pinturas de Ajanta brillan, destacando sus colores fuertes y vividos.

El tema es una imponente representación de la vida del Buda y sus enseñanzas. Una inmensa pintura del Buda acostado, preparándose para su Parinirvana, está situada en ángulo para captar el sol a través de la boca de la cueva. Las sombras móviles inciden en la cara del Buda, dándole una expresión cambiante bajo la luz. Las cuevas exhiben también escenas de las historias de Jataka.

Se ilustran asimismo otras leyendas, tales como la tentación del Buda por las bellas hijas de Mara, y el legendario incidente en el cual el Buda, puesto en duda por un escéptico, tomó la forma de mil Budas para convencerle de su divinidad.

Además, los artistas representaron escenas de la vida de la realeza y las clases altas de la sociedad india, probablemente como homenaje a los patrocinadores del Sangha que floreció en estas cuevas. Según los expertos, tales representaciones brindan una precisa información sobre la vida india de la época.

De manera similar, la mayor cantidad de pintura china que ha sobrevivido se encuentra en las cuevas de los Mil Budas, en Tun Huang. Los muros contienen frescos de todas las etapas de la vida del Buda. Todos los budas y bodhisattvas favoritos de la fe mahayana china están presentes. Los artistas también representaron aquí vívidas imágenes de los diferentes cielos del camino hacia el Nirvana. Incluso Hsuan-tsang aparece en escenas que muestran los apuros que pasó en su peregrinaje a la India.

ARTES TIBETANAS

El arte del Tíbet es casi enteramente religioso, habiendo sido utilizado para las ceremonias y tradiciones del budismo tántrico. La forma más común de arte es la pancarta pintada (*tanka).* Los tanka son colgados en templos y altares familiares; son llevados por lamas en las procesiones y utilizados para ilustrar sermones. Además del Buda histórico, el tema de los tanka incluye otros budas, bodhisattvas y lamas famosos. El Buda suele sostener un rayo, símbolo de la tradición tántrica, o una campana, que simboliza el Vacío.

Otra tradición de la pintura tibetana es el mandala, una figura geométrica —generalmente un círculo dentro de un cuadrado— que se considera la "morada del dios". Su objeto consiste en conseguir poderes sobrenaturales. En el centro hay una figura del Buda o cualquier otra divinidad. A su alrededor hay símbolos y representaciones de otros dioses y escenas religiosas. Meditando en el mandala, una persona puede lograr su unidad con el elemento divino. Algunos mandalas están construidos con arena, o incluso con mantequilla para ceremonias específicas, tras lo cual son destruidos.

La escultura tibetana utiliza también mantequilla, así como metales preciosos y otras substancias más permanentes. Hay grandes imágenes en los templos y otras más pequeñas en capillas familiares. El devoto lleva imágenes en miniatura como "capillas de bolsillo". Cualquiera que sea el tamaño de la imagen, contiene una cavidad en la parte trasera que se llena con rollos de plegarias o reliquias sagradas. Estas se introducen en aquella en una ceremonia conducida por un lama. El contenido se llama a veces "intestinos sagrados".

El arte tibetano ha producido también muchos objetos de

ritual, el más famoso de los cuales es la rueda de la plegaria. Se trata de una caja de metal redonda, o cilindro, que da vueltas en un bastón. Los mantra o plegarias son, o bien grabadas en el cilindro, o bien colocadas dentro en un papel. Girando el cilindro, una persona puede ganar el mismo mérito que recitando el mantra, excepto, naturalmente, que el cilindro pueda rodar más rápidamente que la pronunciación de las palabras en voz alta.

ARTES ZEN

El budismo zen ejerció una importante influencia en las artes japonesas, las cuales muestran muchos de los aspectos de la misma secta. Las artes zen comparten los valores de simplicidad, austeridad, pureza y un énfasis en la calma que procede de la meditación. Así puede observarse en el típico monasterio budista japonés. Está construido de madera sin pulir y blanqueada. No hay esculturas, ya que no se estimula la veneración del Buda. Todo el esplendor de los templos mahayana se halla ausente. En el centro del monasterio se sitúa la sala de meditación. La biblioteca, que en otras sectas es parte esencial de los monasterios, aquí es menos importante, puesto que las escrituras budistas han perdido interés. La arquitectura es simple y funcional.

Una singular formalidad japonesa que surgió en el siglo XIII es la ceremonia del té. Según la tradición, Eisai, que llevó el Zen Rinzai de la China a Japón, aportó consigo el té. Abogaba por la toma de té para conservar la salud y mantenerse alerta durante la meditación. Con el tiempo se desarrolló un elaborado ritual del té, en el cual cada movimiento en su preparación, servicio e ingestión estaba rígidamente prescrito.

En un simple edificio de madera, los participantes entran por una puerta de poca altura. Con este acto, se humillan. No hay muchos muebles ni decoración, excepto un magnífico objeto (como una flor o una ramita de árbol) en un hueco y una mesa muy baja alrededor de la cual se sirve el té a los participantes. El té y los utensilios para prepararlo y servirlo son muy simples. Cada acción, desde el vertido de agua hirviente hasta la toma de la infusión, es coreográfica. Se cree que los movimientos simples y ritualizados ayudan a los participantes a aclarar sus mentes para la contemplación.

El Zen influyó también en la pintura japonesa. Al no comulgar con la jerarquía mahayana de budas y bodhisattvas, no hay escenas religiosas. En su lugar, los pintores zen realizaban retratos de maestros de su secta. Estos retratos, simples, realistas y psicológicamente agudos, se hallan entre los más grandes jamás producidos.

Las ideas del Zen influyeron en las artes tanto seglares como religiosas. Más importante aún, la doctrina de la vacuidad (el Vacío) inspiró a los artistas a "mostrar lo que no se ve". Los pintores japoneses no llenan la tela de pinceladas. La mayor parte del espacio ocupado por la pintura está vacío, al menos para el ojo. La mente lo llena con lo que el artista ha sugerido.

El Zen infundió el estilo de pintura conocido como sumi-e. Los artistas utilizaban solo tinta negra y un pincel para producir sutiles sombras que iban del gris claro al negro. A menudo la pintura consistía en apenas unos remolinos que, en realidad, sugerían mucho más. "Solo basta una brizna de hierba para conocer la dirección del viento", dice un proverbio japonés.

Otros artistas utilizaban la técnica del "vertido de tinta" para dar al arte un sentido de espontaneidad. El objetivo era captar el espíritu interno del sujeto, creando un mundo de insinuaciones, más que de formas explícitas.

Kwan Yin. En la China del siglo XI, el Buda se transformó en una compasiva deidad femenina llamada Kwan Yin.

Recreación de un mural rupestre de las cuevas de Mogao, en China, que representa a Buda rodeado de bodhisattvas. Perteneciente a la tradición mahayana.

Buda con cinco discípulos.
Arte budista tibetano de la tradición theravada.

Estatua de bronce dorado de Amithabha ("El Buda de la luz sin límites") del siglo VIII en Silla, Corea. Situada en el templo de Bulguk-sa.

Una campana de orador vajrayana con mango de lanza.

El Dalai Lama, líder espiritual de los budistas tibetanos.

Interior del Seokguram Grotto. Nótese la sensación de paz y serenidad de la sala de esta chaitya creada por la imagen iconográfica del Buda.

Representaciones simbólicas del Buda:
- Caballo tibetano del viento, pintura tradicional nepalí.
- Pisada de Buda o Buddhapada, madera de teca decorada.

Otras representaciones simbólicas del Buda:
- La rueda del dharma, o dharmachakra en sánscrito.
- Escultura del árbol Bodhi, Museo Nacional de Bangkok.

Abhaya Mudra: El consuelo.
Dharma Chakra Mudra: Enseñanza del Camino Medio.
Dhyana Mudra: Meditación.

La gran cúpula central del stupa de Sanchi. Aquí fueron enterrados los restos del Buda por el rey Asoka hace unos 2.300 años.

La pagoda de cinco pisos en el templo de Horyuji, Nara, Japón.

Sala de chaitya, mostrando el stupa interior con la imagen del Buda esculpida en su pared exterior.

Arriba: Mandala del loto cósmico de Amitāyus, Tíbet, siglo XIX.
Abajo: Un monje afeita a un joven antes de la ceremonia de ordenación como monje budista.

Arriba: Monje budista sostiene en sus manos una flor de loto.
Abajo: Un laico ofreciendo limosna a un monje budista.
La oferta de comida es un rito sagrado.

Arriba: El Buda acostado. Estatua ubicada en Fukuoka, Japón.
Medio: Vista exterior del templo de Bodh Gaya, India.
Abajo: Monasterio budista de Gandantegchinlen, Mongolia.

El Zen influyó también en el trazado de los jardines. Los japoneses habían aprendido de los chinos a ver un jardín como un mundo en miniatura. Los elementos esenciales de los jardines chinos eran las rocas (representando montañas), agua y plantas. Los japoneses fueron un poco más allá y simplificaron los elementos todavía más. El jardín más famoso del mundo es el del templo Ryoanji, de Kyoto. No contiene ningún elemento viviente. Quince piedras cuidadosamente colocadas descansan sobre una arena blanca rastrillada. Este diseño abstracto es un jardín que implica a la mente e invita a la meditación.

Aunque el teatro No, o Noh, utiliza muchos elementos del antiguo drama japonés, se orienta hacia un objetivo zen. Se trata de retratar significados que van más allá de las palabras. Con movimientos lentos que parecen una danza, los actores enmascarados cuentan historias de alcance universal. Pero en el genuino estilo zen, el drama No enseña más a través de la intuición que de la declamación. La prueba para el juicio de una representación No es el que posea o no "la flor verdadera".

"La flor verdadera" es una referencia al mismo Siddhartha Gautama. Una de las historias del Buda habla de que en una ocasión estaba sentado y rodeado de peregrinos que habían acudido a oírle predicar la Ley. El Buda sostenía una flor en silencio. Todos estaban como obnubilados, excepto Kashpaya, quien miró la flor y sonrió por dentro. El Buda sabía que había comprendido "lo que había detrás de las palabras". Kashpaya fue el primero de los veintiséis grandes patriarcas (el último fue Bodhidharma) que desde la India llevó a Japón la escuela de Meditación.

Capítulo VII
El año en el budismo

Al aproximarse la medianoche del último día del año, hombres, mujeres y niños de Japón se reúnen en el templo budista de Chionin. Aquí, en la antigua ciudad de Kyoto, los monjes se preparan para las ceremonias que van a tener lugar con motivo del Año Nuevo. Exactamente a medianoche, grupos de gentes, provistas de un gran palo, golpean con un extremo de este contra una campana. El sonido resuena una y otra vez en toda la ciudad. A cada uno de los 108 golpes a la campana, los monjes recitan una de las fragilidades de la humanidad.

Los niños se adelantan con trenzas de cuerda y dejan que se prenda en ellas la llama del templo. Luego se llevarán a casa la llama para encender con ella el fuego de la cocina y las velas que han de alumbrar las capillas domésticas. Este es el día de volver a empezar, tiempo de esperanza y renovación.

Tradicionalmente, unos días antes de Año Nuevo, la gente ha pagado sus deudas, limpiado la casa, comprado nuevos vestidos y cambiado regalos para empezar el año con la conciencia limpia. Las ceremonias se sujetan a las ideas budistas de reencarnación y purificación.

Aunque el Año Nuevo empieza en diferentes fechas en los países budistas que se guían por el calendario lunar (basado en las fases de la Luna), la gente lo celebra en todas partes a su manera. Frecuentemente, el primer día del año es fiesta en toda la nación y nadie trabaja. La gente dedica su tiempo a festejarlo, bailando, cantando y practicando juegos.

Cada forma de celebración se ve influida por las costumbres nacionales y locales. El espíritu abierto y flexible de la religión budista admite muchas formas de culto y de ritual.

Ritos de nacimiento, boda y muerte

La práctica del budismo no requiere, estrictamente hablando, un templo ni la intercesión de un monje. Cada uno puede seguir las enseñanzas del budismo en su vida de cada día. Los templos ofrecen un refugio para los que desean dedicarse más a fondo a las enseñanzas del Buda. Los miembros del Sangha, sin embargo, son llamados frecuentemente para participar en ceremonias de acontecimientos importantes en la vida de las personas: nacimiento, matrimonio y muerte.

Las costumbres varían mucho de un país a otro. En la mayoría de países de tradición theravada, cuando nace un bebé, sus padres lo llevan al templo local para darle un nombre. Los monjes lo bendicen y lo salpican con agua bendita. Se enciende una vela de cera y se mantiene inclinada de forma que las gotas de cera caigan en un cuenco de agua. Esta ceremonia simboliza la unión de los cuatro elementos: tierra, aire, fuego y agua.

En algunas ceremonias de boda, en la modalidad theravada, el hombre y la mujer acuden al templo local con sus amigos y parientes. Se enrolla un largo hilo de algodón a la imagen del Buda, y luego, a los presentes. Simbólicamente unidos en una comunidad, la congregación canta himnos y el monje superior imparte su bendición. Luego el monje corta dos trozos del hilo y enrolla uno en la muñeca del novio. Entonces este hace lo propio con el otro en la muñeca de la novia, pues se supone que los monjes no han de tocar a las mujeres. En algunos países, sin embargo, los monjes no ofician en las bodas por considerar que trae mala suerte.

Los monjes representan un papel singular en los funerales budistas. Cuando muere un miembro de una familia, se requiere la presencia de un monje para que pronuncie sermones especialmente dedicados, así como el sutra del fallecido. En los países mahayana, como China, Taiwán y Corea, donde se venera de un modo muy particular a los antepasados, el monje elabora una lápida con el nombre de la persona fallecida para colocarla en el altar familiar.

El monje aplica "la última agua" a los labios del fallecido, tras lo cual el cuerpo es lavado y debidamente vestido. Luego sigue una ceremonia fúnebre. Los amigos y vecinos del difunto muestran su pésame ofreciendo "dinero en incienso". El incienso se quema y los afligidos pueden hablar en honor y recuerdo del desaparecido. Después del funeral, la familia ofrece una comida vegetariana.

Los ritos mortuorios generalmente continúan durante varios días, durante los cuales la afligida familia invita a monjes a comer en su casa. Esto se hace para transferir mérito a la persona fallecida, dado el caso de que él, o ella, no hubiera acumulado suficiente karma. Algunas familias conmemoran la muerte en otra comida tres meses más tarde, y también al cumplirse el primer aniversario del fallecimiento.

Observancias religiosas

Los budistas no están obligados a asistir a los servicios regulares del templo, como hacen los cristianos en domingo o los judíos en sábado. Tampoco tienen horas específicas del día para orar, como es el caso de los musulmanes. Sin embargo, en el Theravada, los devotos laicos pueden observar un "sabbath" llamado la *uposatha*, que corresponde a los días Io, 8o, 15° y 23° del mes lunar. En estos días los fieles llevan al templo sus ofrendas. Algunos pueden recluirse para meditar y utilizar el templo con este propósito. Otros pueden escuchar sermones religiosos.

En estos días, los monjes organizan generalmente ritos especiales en el templo que pueden incluir música, procesiones e incluso fuegos artificiales.

Durante la estación de los monzones, que, en el Sudeste Asiático, llegan en diferentes fechas, entre junio y octubre, los budistas observan un tiempo de penitencia que equivale a la cuaresma cristiana. Durante, aproximadamente, tres meses, los monjes cumplen deberes religiosos más estrictos. La población laica incrementa sus donaciones al Sangha y acumula mérito meditando y escuchando los sutras.

Esta tradición puede que sea la más antigua de la religión, ya que data del tiempo en que el mismo Buda, junto con sus discípulos, deambulaba por el noreste de la India predicando el Dharma. La estación de las lluvias, que es muy severa en las naciones del Sudeste Asiático, requería que el Buda y sus discípulos buscaran un lugar de refugio mientras duraba.

El fin del período de penitencia se celebra de distintas maneras. Los budistas de Birmania, por ejemplo, celebran el festival de Thadingyut (luces), que dura tres días y conmemora el retorno de Buda a la Tierra (después de alcanzar el Nirvana), acompañado de ángeles. Los pueblos y ciudades birmanos son decorados con lámparas de aceite, velas y luces eléctricas que permanecen encendidas toda la noche. Se sueltan globos provistos de pequeños fuegos y las calles se llenan de procesiones y bailes.

La estación de los monzones marca también la época de otra importante observancia religiosa, llamada la *vassa*, o retiro de la lluvia. En estos días, los jóvenes pueden optar por ingresar en el Sangha. En la mayoría de países budistas se supone que todo muchacho de más de siete años debe entrar en el Sangha, al menos temporalmente. En el monasterio vivirá alrededor de dos semanas para recibir una rigurosa formación religiosa. En algunos países es también común para los varones adultos la permanencia temporal en el Sangha en esta época, con el fin de acumular mérito para ellos mismos.

Festividades que celebra el budismo

En muchos países budistas, los acontecimientos de la vida del Buda son conmemorados en diferentes épocas del año. En estas ocasiones, la gente visita el templo, llevando ofrendas de incienso, ropa, flores y dinero. Con frecuencia tienen lugar celebraciones más elaboradas, en las que participan todos los individuos de la comunidad local, del mismo modo que la Navidad se celebra en todos los países predominantemente cristianos.

En Laos, el cumpleaños del Buda forma parte de la celebración del Año Nuevo. Se esparce agua bendita sobre las estatuas del Buda y, como parte de la festividad, los vecinos del pueblo se echan cubos de agua unos a otros en la calle. Los pájaros enjaulados son liberados y los peces vivos vuelven a los ríos.

En Japón, los budistas celebran el Hana Matsuri, o cumpleaños del Buda, el 8 de abril. Tradicionalmente, la gente vierte té sobre las imágenes del Buda en templos y hogares. Las fiestas zen también se celebran en diferentes épocas del año. Algunas de estas, como el día de Bodhidharma, están dedicadas a conmemorar importantes figuras de la historia del Zen.

Una fiesta japonesa muy popular es la de O-Bon. En este día, según la tradición, las almas de los muertos vienen a mezclarse con las de los vivos. La gente invita a sus vecinos y amigos a una fiesta que dura toda la noche. Al amanecer, se colocan pequeños barcos de papel —con velas, frutos y flores— en un riachuelo o lago cercano. Los barcos se llevan de nuevo las almas de los muertos.

La ceremonia tiene su origen en una historia del Buda que es muy apreciada en Japón. Un joven llamado Mokuren tuvo un sueño en el que su madre se hallaba en Gaki, el Infierno del Hambre. Los espíritus de los muertos encontraban allí su castigo, como lugar donde se despilfarraba en banquetes; pero cuando se llevaban la comida a la boca, aquella se convertía en llamas.

Mokuren, sigue la historia, preguntó al Buda cómo redimir a su madre de este tormento. El Buda le recomendó que practicara la pureza y la bondad, y que estudiara los sutras. Mokuren se hizo *bhikku* y al cabo de muchos años soñó que ya había acumulado suficiente mérito para liberar a su madre. Como agradecimiento, organizó una gran fiesta para todos los habitantes de su pueblo. Esta fue la primera fiesta de O-Bon.

En los países del Theravada, el nacimiento, la iluminación y el Parinirvana del Buda se cree que ocurrieron el mismo día (en diferentes años). Con distintas denominaciones, tales como *Vaishaklia Puja* en la India, *Visakha Buja* en Laos, *Balsakh Purnima* en Nepal y *Wesak* en Sri Lanka, esta triple celebración tiene lugar el día de la luna llena de mayo. Procesiones religiosas, llenas de colorido, dan la vuelta al templo tres veces, y luego recorren diversas calles. Al mismo tiempo se realizan representaciones escénicas de acontecimientos de la vida del Buda.

Una de las celebraciones budistas más vistosas es la que tiene lugar en Kandi, una ciudad de Sri Lanka. El Templo del Diente, en Kandi, alberga la más preciosa de las reliquias del país: un diente del Buda que se encontró después de su incineración. La reliquia se guarda dentro de siete enjoyados estuches superpuestos que nunca se abren. Sin embargo, en agosto, y con motivo de las fiestas de Esala Perahera, una réplica del estuche más recóndito recorre las calles entorchadas en el lomo de un elefante magníficamente encubertado. Multitudes de peregrinos acuden a la ciudad para la ocasión.

En el reino himalayo de Sikkim, donde domina el budismo según la corriente tántrica, tiene lugar en mayo una magnífica y luminosa celebración. Es el aniversario de la llegada al Tíbet de Padmasambhava con el Dharma. Unos demonios brillantemente vestidos se reúnen en las calles y tratan de echar a Padmasambhava. Un lama, con una máscara de aspecto feroz, hace el papel de Padmasambhava y, con sus técnicas mágicas, vence a los demonios. Presiden la triunfal procesión unos lamas portando sombreros amarillos semicirculares, que son, a la vez, una insignia de autoridad en el Tíbet, Mongolia y Nepal.

LA VIDA EN EL SANGHA

Desde el principio, el Sangha —la orden de monjes y monjas— ha ocupado un lugar especial en el budismo. En vida del Buda, este fundó el Sangha para que la gente pudiera dedicarse plenamente a seguir el Camino Medio.

En la comunidad theravada, el único camino para que los miembros devotos alcancen el Nirvana es la entrada en el Sangha, ya que solo en la vida monástica puede uno seguir completamente el óctuple sendero. Por esta razón, es muy común el ingreso de muchachos jóvenes en un monasterio. A la edad de ocho años ya pueden recibir una ordenación menor, llamada "Marcha hacia allá". El niño se viste con sus mejores ropas y es conducido al monasterio por su padre; los amigos y parientes se unen a la procesión.

En la puerta, imitando al Buda, el niño se desprende de sus vestiduras y recibe la túnica amarilla. Se le afeita la cabeza y se le da el cuenco de pedir limosna y demás posesiones de un monje. Como novicio será puesto al cuidado de dos monjes. Uno será su compañero, el otro su maestro. El novicio se postra ante el compañero y anuncia su intención de refugiarse en el Buda, el Dharma y el Sangha.

A los novicios se les enseña diez preceptos o reglas, estos son:

1. Abstenerse de quitar vida alguna.
2. Abstenerse de robar.
3. Abstenerse de toda actividad sexual.
4. Abstenerse de mentir.
5. Abstenerse de tomar substancias tóxicas.
6. Abstenerse de comer después del mediodía.
7. Abstenerse de usar perfumes y adornos personales.
8. Abstenerse de ver espectáculos públicos.
9. Abstenerse de usar cómodos lechos.
10. Abstenerse de aceptar oro o plata.

A los jóvenes novicios se les enseñan las dos virtudes cardinales de sabiduría y compasión, y que nada debe ser creído solo porque es tradición o ha sido dicho por un maestro. El novicio que decida seguir en el Sangha recibirá una ordenación final a la edad de veinte años. La ceremonia de ordenación budista es formal e impresionante. Puede ser realizada solamente por un grupo de, al menos, diez monjes. El novicio debe pedir dicha ordenación por tres veces, y a continuación dar el nombre de su maestro y pedir a cualquiera que se oponga a su ordenación a que hable. Recibe un nuevo nombre y tres prendas de ropa, incluida una túnica interior, una exterior y un manto. A partir de entonces debe seguir una disciplina estricta que comprende más de 220 reglas, llamadas *pratimoksa*.

El procedimiento y el ceremonial para convertirse en monja budista son muy similares. Si la novicia tiene menos de veinte años, debe servir en un período de prueba de dos años. Las prendas de las monjas comprenden una falda y un cinturón. Las monjas son también gobernadas por un reglamento que las subordina a los monjes. Por ejemplo, cada dos semanas las monjas deben ir a la comunidad de monjes para recibir instrucción, pero ellas no pueden instruir ni amonestar a un monje.

Un típico monasterio de ciertas dimensiones suele contar con un pabellón para los monjes, donde estos duermen en celdas individuales, y la sala del Sangha, donde se reúnen para comer, leer los sutras en voz alta y celebrar reuniones relacionadas con la administración del centro. Puede haber también una sala interior, donde las imágenes del Buda y de los bodhisattvas son expuestas como ayuda a la meditación. Los monasterios también disponen de grandes bibliotecas, donde se almacenan los múltiples textos y escrituras de la religión. Finalmente, hay un salón del Dharma, donde los monjes instruyen con sus prédicas a los laicos.

La vida tradicional de un monasterio pretende facilitar a los monjes y monjas un lugar adecuado para recorrer el camino hacia la meta final de la Iluminación. Los miembros del Sangha se levantan muy temprano y se dedican a la meditación. En el momento apropiado se visten con la túnica amarilla y salen al exterior con sus cuencos de madera para pedir alimentos y otros donativos. Para llamar la atención en su mendicidad, cantan himnos o tocan un gong.

Al regresar al monasterio, los monjes se lavan los pies y, un poco antes del mediodía, toman su único alimento del día. Por la tarde, los más viejos dan instrucciones a los más jóvenes, y luego vuelven a la meditación privada. Con frecuencia, en el calor del día buscan refugiarse debajo de un árbol, imitando la meditación del Buda bajo la higuera.

A la puesta del sol, la sala del Dharma se abre a los laicos, quienes se reúnen en ella para escuchar sermones y hacer preguntas. La memorización, preservación y enseñanza del Dharma es el mayor servicio que un monje puede rendir a los demás. Algunos predican en plazas públicas o en pequeñas reuniones privadas. Los laicos depositan, por lo general, comida o flores ante la silla del predicador budista. Por costumbre, este no debe empezar a predicar hasta que se le haya pedido por tres veces, pero luego contestará a todo aquel que le pregunte algo. Hasta tiempos recientes, en especial en los países que siguen la corriente del Theravada, los monjes eran los únicos maestros y conservadores de la cultura.

Después de anochecer, los monjes se reúnen en el salón del Sangha para leer en voz alta las escrituras y discutir sus propias preocupaciones espirituales. Los monasterios no están organizados de forma jerárquica. Cualquier decisión importante ha de tomarse por unanimidad. Tampoco hay voto de obediencia como en los monasterios cristianos. En la práctica, sin embargo, se asigna a ciertos monjes deberes específicos que incluyen autoridad. Algunos, por ejemplo, se encargan de instruir a los novicios, otros supervisan el jardín del monasterio, etc. Un monje mayor se acepta generalmente como líder del grupo.

Dos veces al mes, en los días de luna llena y luna nueva, llega la *posadha,* o "día de observancia". El monje mayor en la sala del Sangha pide a los demás monjes residentes que declaren abiertamente sus faltas y delitos. El monje que se reconoce culpable y permanece en silencio está cometiendo una falsedad voluntaria, violando la regla del Sangha. Muy raramente, y solo para algunas ofensas graves específicas, un monje puede ser expulsado del Sangha.

En general, la anterior descripción coincide con la mayoría de monasterios budistas en la actualidad. Sin embargo, precisamente porque la práctica de la religión se ha desarrollado de muy diversas formas, lo mismo ha ocurrido con la vida en el

Sangha. Puesto que los laicos pueden hacer méritos donando comida, ropa, dinero y otros regalos al monasterio, las necesidades diarias de los monjes son satisfechas sin necesidad de pedir en la calle. Aun así, la práctica ha sobrevivido como símbolo del retiro de un monje de la vida ordinaria. Algunas comunidades de Sangha no comen carne ni pescado; otras lo aceptan si el animal no ha sido sacrificado para ellos. Los monjes están también autorizados a aceptar invitaciones a comer en hogares laicos.

También sobreviven algunas tradiciones estrictas, a veces en protesta contra las costumbres más liberales y mundanas del Sangha en áreas urbanas. En Sri Lanka, los "monjes del bosque" se retiran a zonas remotas del país para vivir en cuevas o tiendas, meditando sobre el Dharma. Atraen a peregrinos que recorren un largo camino para aportarles sus limosnas y escuchar sus sermones.

El Sangha budista se ha adaptado al mundo moderno, aplicando un mayor énfasis a la reforma social práctica. Se insta a los laicos a olvidarse de darles limosna y apoyar, en su lugar, al Sangha en el establecimiento de escuelas, hospitales y refugios para los que carecen de hogar. Los Sanghas budistas se han unido a organizaciones internacionales que se dedican a discutir problemas contemporáneos, tales como el desarme nuclear, la justicia internacional y los derechos humanos.

Capítulo VIII
El budismo hoy

Los budistas de todo el mundo se reunieron para una celebración durante los años 1956 y 1957. El *Buddha Jayanti* (aniversario) conmemoraba los 2.500 años transcurridos desde el Parinirvana del Buda, o muerte. La celebración ilustró no solo sobre la fuerza vital del budismo en Asia, sino también sobre la influencia y el respeto que se ha ganado en el resto del mundo.

El día de la luna llena de mayo de 1956 (día 24), el gobierno de Sri Lanka pidió a todos los ciudadanos que meditaran durante cinco minutos. En Bangkok (Tailandia), el rey y la reina del país quemaron barras de incienso en un pabellón especial construido en un parque cercano al palacio. Las pagodas y los canales de la ciudad fueron decorados con luces, y pancartas budistas colgaban de todos los edificios.

La capital de Camboya, entonces una pacífica nación de seguidores del budismo, fue anfitriona de un festival y una conferencia que se prolongaron durante una semana. Llegaron delegados no solo de otros estados budistas, sino también de los Estados Unidos, Gran Bretaña, Francia y de la República Popular China.

Budistas de diversas naciones escogieron esta ocasión para peregrinar a uno de los lugares sagrados de su religión. Algunos acudieron desde la ciudad india de Bodh Gaya, donde el Buda alcanzó la Iluminación bajo la higuera. Aquel árbol ya no existe, pero en su lugar se alza un gran templo que contiene las estatuas del Buda y de su madre Maya. El templo rebosa actividad, con monjes budistas renovando las flores de loto en las imágenes y alumbrando miles de pequeñas lámparas cada noche. Al sur y al oeste del templo se levantan unas paredes de piedra de dos metros y medio de altura, con obras esculpidas representando acontecimientos de la vida del Buda. Se cree que fueron erigidas durante el reinado del mismo Asoka, y constituyen uno de los monumentos más antiguos de la India.

Otros peregrinos llegaron de Sarnath, situada a diez kilómetros de la gran ciudad de Benares. Aquí, según creen los budistas, el Buda pronunció su primer sermón, poniendo en marcha la rueda del Dharma, que ha continuado rodando durante veinticinco siglos. En el siglo XII, los emperadores musulmanes de la India derribaron los grandes *stupa* y pilares que Asoka había construido, con el fin de ganar espacio para las mezquitas de su propia religión. Pero los restos de un gran *stupa* de 43 metros de altura domina todavía el paisaje. En 1836, un estudiante británico de la religión budista desenterró en su base restos de la estructura original de Asoka. A partir de entonces, los budistas empezaron a reclamar el sitio. Los peregrinos pueden visitar hoy un nuevo templo, que se alza sobre el Parque de los Ciervos, donde se encuentra otro de los árboles que, según se dice, crecieron a partir de esquejes de la higuera original. Sobre las paredes que rodean el nuevo templo, un budista japonés ha pintado una serie de frescos con escenas de la vida del Buda y algunas de las historias de Jataka.

Durante el Buddha Jayanti, los budistas de todo el mundo celebran sus propias tradiciones. No solo en las ciudades de Asia, sino también en Nueva York, San Francisco, Londres y Hamburgo, el Dharma budista tiene hoy sus seguidores.

El resurgimiento del budismo

A partir del siglo XVI, con la llegada de comerciantes portugueses a Sri Lanka, los países budistas entraron en contacto con la tecnología y creencias religiosas de las naciones europeas.

Con superior armamento, los europeos colonizaron países tales como Sri Lanka, Birmania, Laos, Camboya y Vietnam, y forzaron a otras naciones a que hicieran concesiones a sus comerciantes. Luego siguieron los misioneros cristianos, quienes empezaron a captar conversos a su religión. A causa de estos acontecimientos, el budismo experimentó una crisis de fe.

En el siglo XIX, un creciente sentido nacionalista empezó a extenderse en el sur de Asia como reacción contra el imperialismo europeo. En muchos países, este nacionalismo contribuyó a fortalecer el budismo. El resurgimiento de dicha religión empezó en Tailandia, un país que no fue colonizado por los europeos. El rey Rama IV de Tailandia (r. 1851-1868) había sido un *bhikku* durante veintisiete años antes de ascender al trono. Como monje, había formado un grupo reformista en el Sangha para establecer una regla más estricta. Incrementó sus esfuerzos cuando se convirtió en monarca, y también empezó a modernizar el reino (Este es el rey representado en la obra de teatro y película "El Rey y yo").

Aproximadamente en la misma época, en el vecino estado de Birmania, el rey Mindon (r. 1853-1878) también puso en marcha la modernización de su país. Mindon quería gobernar como el ideal rey budista, al estilo de Asoka. El renacimiento de la religión fue su más acariciado objetivo. En 1871 convocó el Consejo Budista para establecer una edición definitiva de los textos de la religión. Cuando esto se hubo realizado, hizo que las escrituras fueran grabadas en 729 *stelas*, o pilares, de la capital.

Sri Lanka, orgullosa del lugar que ocupaba en la historia del budismo, devino una fuerza moderna para expandirla más allá de sus fronteras. Los debates entre adherentes de distintos puntos de vista habían sido una larga tradición monástica. En 1873, un monje budista de Sri Lanka y un ministro metodista discutieron los méritos de sus respectivas religiones en un debate público de tres días. La derrota del metodista fue ampliamente difundida en periódicos de todo el mundo, lo que despertó un nuevo entusiasmo por el budismo en la isla y otras partes. Fue un punto de referencia en el renacimiento moderno de la religión.

Anagarike Dharmapala, nacido en Sri Lanka en 1864, se dedicó a activar el resurgimiento del budismo. En 1891 viajó a Bodh Gaya (India), el lugar de la Iluminación del Buda. Disgustado por encontrar los monumentos y edificios descuidados y abandonados, decidió hacer de Bodh Gaya un nuevo centro de culto religioso. Al año siguiente formó la sociedad Bodh Gaya, la primera organización budista internacional. Bajo su liderato, la sociedad trabajó para unir a todos los budistas y desarrolló nuevos esfuerzos misioneros.

En el siglo XIX, el Sangha de los países del Theravada, al sur de Asia, intentó purificar la doctrina y realzar los aspectos tradicionales del budismo. Estas llamadas crearon un fuerte centro de creyentes y fortalecieron la importancia del Sangha para la práctica del budismo. El renacimiento fue una realidad, y el tradicional budismo theravada sigue siendo hoy la religión dominante en Sri Lanka, Myanmar (Birmania) y Tailandia.

Después de 1975, la implantación de regímenes comunistas en Laos y Camboya constituyó un desastre para el budismo. En Laos, el gobierno restringió las actividades del Sangha, pero no llevó a cabo ninguna persecución de la religión. El Khmer Rojo en Camboya, sin embargo, trató de eliminarla del todo. El Sangha fue completamente destruido y monjes y monjas fueron asesinados. Hoy, Camboya se esfuerza en rehacerse de aquel período nefasto y restituye el Sangha, junto con toda la cultura religiosa del país.

El budismo mahayana en el mundo moderno

En la época en que llegaron los europeos, la influencia del budismo mahayana había disminuido en China y Corea. El último de estos países fue receptivo al cristianismo, pero la tradición budista se mantiene como parte profundamente sentida de la herencia social y cultural de la nación.

En China, el budismo sobrevivió como parte de las prácticas religiosas populares. Comúnmente se ofrecían plegarias a Kwan Yin. Pero en 1949, el victorioso gobierno comunista chino empezó a desalentar toda práctica religiosa. Durante los años de la Revolución Cultural (1965-1968), la joven Guardia Roja persiguió activamente a los monjes y monjas que quedaban. Hoy, el budismo chino sobrevive en Taiwán, donde existe un Sangha vigoroso y el más grande Sangha de monjas del mundo.

Vietnam desarrolló en los tiempos de colonización por los franceses una fuerte minoría católica, aunque el budismo permaneció atrincherado. El gobierno comunista se ha opuesto oficialmente a las prácticas religiosas, pero en años recientes la situación ha mejorado.

El budismo se mantuvo fuerte en los pequeños reinos himalayos de Sikkim y Bután, así como en el Tíbet, Nepal y Mongolia. Estas tierras, en el mismo corazón de Asia, quedaron relativamente aisladas de la influencia europea. Aquí, las tradiciones mahayana continuaron sin cambio hasta el siglo XX.

Japón admitió misioneros cristianos durante corto tiempo en los siglos XVI y XVII, pero luego cerró sus costas virtualmente a toda influencia europea hasta el siglo XIX. A partir de entonces, el país nipón adoptó la modernización y la tecnología occidental, que pronto desarrolló para convertirse en una gran potencia mundial. Pero el budismo mahayana, en sus diversas formas, continuó creciendo como fuerza vital en la vida de su pueblo. El Sangha ha organizado movimientos para atraer al laicado a la participación activa en la religión. Los grupos de gente joven, las lecturas públicas, los coloquios y las reuniones sociales son parte del resurgimiento del budismo japonés. Aunque nuevas formas de budismo han atraído a muchos adeptos, las antiguas sectas todavía crecen, ya que la moderna cultura japonesa es una feliz mezcla de tradición y modernidad. En el siglo XX, los japoneses han tomado parte activa en la difusión del budismo, en sus diferentes formas, en Europa y Estados Unidos.

La tragedia del Tíbet

Desde el siglo XVII, el Dalai Lama ha sido el líder espiritual y político del Tíbet. El budismo estaba profundamente arraigado entre la población y se construyeron grandes monasterios en todo el país. En el siglo XVIII, el Tíbet entró a formar parte del imperio chino. Sin embargo, mantuvo de una manera general su particular forma de vida y la libertad religiosa prevaleció. En 1911, cuando China se convirtió en una república, el Tíbet obtuvo su independencia.

El actual Dalai Lama, Tenzin Gyatso, nació en 1935 y a los dos años ocupó su puesto como el 14° de su línea. Su nombre en idioma tibetano es "Precioso Conquistador". Se educó en un mundo en que el Tíbet era un país aislado y poco conocido, dedicado a sus prácticas religiosas. Dentro del Tíbet era venerado como la reencarnación de Avalokitesvara, el bodhisattva patrón del Tíbet.

La instauración de la República Popular China en 1949 produjo cambios. Al año siguiente, los chinos se anexaron el Tíbet, renovando la vieja reivindicación de la tierra. Al principio, el Dalai Lama trató de coexistir con el régimen comunista. Pero este restringió las prácticas religiosas del pueblo. En 1959, los tibetanos se rebelaron y el ejército chino llevó a cabo una brutal represión del levantamiento. El Dalai Lama cruzó la frontera y se refugió en la India.

Las condiciones del Tíbet empeoraron todavía más durante la Revolución Cultural china al final de los años sesenta. La Guardia Roja atacó y destruyó muchos de los 20.000 monasterios y templos budistas del Tíbet, en cuya operación desaparecieron tesoros religiosos de valor incalculable. Los lamas tibetanos fueron acosados, humillados y obligados a abandonar la vida religiosa.

En los años ochenta las condiciones mejoraron, pero empezaron a llegar al Tíbet colonos chinos, con la amenaza de una ocupación permanente de la tierra. Entonces, el Dalai Lama trabajó incansablemente para atraer la atención del mundo a la causa de su pueblo, haciendo declaraciones en las Naciones Unidas y otros foros internacionales. Por sus esfuerzos y por la nobleza de su carácter, el Dalai Lama recibió el Premio Nobel de la Paz en 1989.

En su discurso de aceptación en Oslo (Noruega), el Dalai Lama propuso un programa de cinco puntos para salvar el Tíbet. Primero: Transformación del Tíbet en una zona de *ahimsa* o no violencia. Segundo: Fin del establecimiento de la policía china. Tercero: Restauración de los derechos humanos para el pueblo tibetano y de las libertades democráticas. Cuarto: Restauración y protección del medio natural tibetano. Y, finalmente, pidió el inicio de negociaciones entre los pueblos del Tíbet y de China. El futuro del Tíbet es todavía incierto.

El budismo llega a Occidente

En el siglo XIX, eruditos británicos, alemanes y franceses empezaron a traducir escrituras budistas a sus idiomas respectivos. Algunos europeos hallaron en ellas nuevos conocimientos y una nueva perspectiva. Uno de los británicos que se interesó por ello fue Sir Edwin Arnold. En 1879 escribió un libro titulado *La luz de Asia* sobre la vida del Buda. Obtuvo un éxito inmediato y atrajo el interés de pensadores y cenáculos universitarios, llegando su impacto hasta los hogares de clase media.

Por la misma época, un grupo de escritores de la costa oriental de los Estados Unidos empezaron también a interesarse por el pensamiento y la filosofía de Asia. Estos pensadores de Nueva Inglaterra rechazaban la artificiosa vida social del mundo moderno y optaron por volver a la naturaleza. Por su creencia de que había una mayor realidad más allá de la vida diaria, fueron llamados trascendentalistas.

Uno de ellos fue Henry David Thoreau, quien se retiró a vivir en una cabaña a la orilla de un lago de Massachusetts. De su experiencia de la vida se desprendió *Walden*, un clásico americano. Thoreau se interesó vivamente por la religión y el pensamiento asiáticos. Tradujo el Loto Sutra al inglés, a partir de la versión francesa.

Mientras tanto, el budismo penetraba en los Estados Unidos por la costa occidental. En California, la fiebre del oro de 1849 había atraído a exploradores chinos de la otra parte del Pacífico. Pocos años más tarde, llegaron trabajadores de la misma procedencia para la construcción del ferrocarril transcontinental. Los inmigrantes chinos tendían a vivir juntos en comunidades o vecindarios llamados *Chinatowns* (barrios chinos) y construyeron templos budistas. Muchos de estos inmigrantes chinos eran miembros de la secta Tierra Inmaculada.

Poco después llegaron los primeros trabajadores japoneses, contratados para trabajar en las plantaciones de Hawái tras haber sido estas islas anexadas a los Estados Unidos. Estos inmigrantes pertenecían también mayormente a la rama de la Tierra Inmaculada del budismo. La tradición de esta secta se mantuvo y hoy forma parte de las iglesias budistas de Estados Unidos y Canadá. En Hawái dio lugar el comienzo de una tradición que haría del budismo la religión mayoritaria del Estado número cincuenta de la Unión.

En 1983, el budismo llegó al corazón de América. La ciudad de Chicago fue la anfitriona de la Columbian Exposition, que celebraba el progreso de la ciencia y la tecnología en los Estados Unidos. Los organizadores decidieron reconocer el lado espiritual de la humanidad, así como organizar un parlamento mundial de religiones.

Entre los budistas que asistieron a la exposición figuraban Anagarika Dharmapada y un maestro de Zen llamado Soyen Shaku.

En el parlamento, Soyen Shaku encontró a un editor religioso que buscaba un traductor. El maestro de Zen recomendó a un joven estudiante que tenía algunos conocimientos de inglés. El nombre del estudiante era Suzuki Daisetsu Teitaro, que más tarde sería conocido como D.T. Suzuki. Suzuki (1870-1966) popularizaría el Zen en los Estados Unidos hasta convertirlo en una palabra doméstica.

El budismo en Norteamérica

El joven Suzuki hizo gestiones para poder trasladarse a Illinois. En su última sesión de meditación en Kamakura logró "abrirse camino", en sus propias palabras, queriendo decir que había logrado un más alto grado de conciencia. Estaba espiritualmente preparado para su labor en los Estados Unidos y, en efecto, a través de ella logró una gran influencia. Dedicó once años de su vida a traducir textos budistas y comentarios japoneses que atrajeron a muchos lectores. Posteriormente, en los años cincuenta impartió sus enseñanzas en la Universidad de Columbia y otros centros. Sus lecturas sobre budismo en general, y sobre el Zen en particular, despertaron el interés de audiencias entusiásticas. Millones de personas leyeron sus libros.

¿Por qué el budismo zen cautivó a tantos norteamericanos? Quizás por la misma razón que en Asia: el mensaje que predica es que las personas deben sacar el máximo partido de su existencia a través de la autodisciplina, la meditación y la instrucción, hallando de esta manera su realización en la vida. El Zen enseña a vivir en el presente, un punto de vista que muchos americanos comparten. Para el budismo zen, la calidad de la existencia aquí y ahora tiene una importancia vital. La iluminación zen consiste en el descubrimiento del profundo significado de la experiencia cotidiana. Era esta una forma de vida que podía ser aceptada incluso manteniéndose fiel a la propia religión.

El Zen entró en la literatura norteamericana a través de escritos de los autores de la "Beat generation" de los años cincuenta, especialmente Jack Kerouac y Allen Ginsburg. También fue importante en las ampliamente leídas historias cortas de J. D. Salinger. En los años sesenta, muchos miembros de la "contracultura" hallaron en el Zen una guía para una nueva forma de vida no materialista.

Hoy, los centros de meditación zen pueden encontrarse en todo el territorio de los Estados Unidos.

Recientemente, otra secta budista japonesa ha ganado popularidad. Llamada Nichiren (oficialmente, el Nichiren Shoshu de América), sus orígenes se remontan a un monje japonés del siglo XIII que respondía a este nombre. Hijo de un pescador, Nichiren (1222-1282) pasó diez años estudiando y llegó a la conclusión de que la gran verdad se halla en el Loto Sutra. Proclamó que la esencia del sutra se encontraba en el mismo título. El cántico de Namu-myoho-renge-kyo ("Rendid homenaje al Loto Sutra del maravilloso Dharma") elevaría, por sí mismo, las conciencias al nivel de la iluminación. Los caracteres escritos en chino o sánscrito de la frase (llamada el *onzen),* se convirtieron en un objeto de contemplación.

A lo largo de los siglos, la secta Nichiren tuvo un gran seguimiento en Japón. En 1930 se formó el Sokka Gakkai ("Organización para la Creación de Valores") con el fin de difundir la devoción al Loto Sutra. Después de la Segunda guerra mundial, la organización mandó misiones a Europa y las Américas. En las décadas posteriores a 1960 se extendió rápidamente por los Estados Unidos.

La devoción al Loto Sutra y el compromiso de la mejora personal son requeridos a todos los miembros de Nichiren. Nichiren enseña la importancia de superar los problemas de la vida cotidiana y pide a cada persona que tome la responsabilidad de desarrollar su único potencial. Así como las personas han creado a menudo sus propios males, también tienen el poder de curarlos a través del desarrollo de las "cualidades del Buda", tales como la fuerza de la sabiduría y de la vida. El budismo enseña que estas cualidades se hallan dentro de cada uno de nosotros. Los seguidores de Nichiren creen que, al extender el propio conocimiento, la compasión y la fuerza vital, se alcanzará gradualmente hacia una más amplia esfera de existencia. El líder de Sokka Gakkai se expresa de esta manera: "Un gran cambio de carácter en un solo hombre ayudará a conseguir un cambio en el destino de una nación y, aún más, producirá un cambio en el destino de toda la humanidad".

En años recientes, una tradición del budismo totalmente diferente se ha afirmado en los Estados Unidos: el budismo tibetano. La invasión del Tíbet causó una emigración de maestros religiosos desde su tierra natal. Muchos se establecieron en la India o en los reinos himalayos del Nepal, Sikkim o Bután. Algunos, sin embargo, recalaron en los Estados Unidos, incluido a veces el mismo Dalai Lama. Su presencia suscitó en este país gran atención e interés en el budismo tibetano.

Los líderes espirituales tibetanos, tales como Chogyam Trungpa y Tarthang Tulku, crearon centros de meditación en lugares como Berkeley, California; Boulder, Colorado; y Barnet, Vermont. Trungpa ha publicado libros influyentes, incluida su autobiografía y sus interpretaciones personales del Dharma. Tulku ha fundado una editorial budista y estableció una Fundación de Ayuda Tibetana destinada a amparar a los refugiados en la India. Las enseñanzas de Tulku se concentran en métodos que los norteamericanos pueden utilizar en su vida laboral diaria.

El Dalai Lama vive hoy en el Centro de Estudios Budistas de Washington, D. C. Sus puntos de vista sobre temas como la ciencia, la tecnología, la religión y la política se escuchan con respeto. El Dalai Lama cree que el énfasis puesto en el progreso material ha dado lugar a una falta de desarrollo de la concentración interior. Esto lleva a la gente a la frustración. Enseña que el desarrollo material es útil solamente si ponemos atención a nuestras necesidades, tanto exteriores como interiores.

El budismo y el futuro

El progreso del movimiento hacia la unificación del budismo en todo el mundo se ha visto impedido por guerras y revoluciones en el siglo XX. En 1950, la Hermandad Mundial de Budistas se organizó para lograr la cooperación entre las diferentes escuelas budistas. La Hermandad celebra conferencias en las que se discuten diferentes puntos de vista dentro de la religión y se aúnan las fuerzas para extender el mensaje budista.

El budismo ofrece muchos beneficios al mundo moderno. Las modernas interpretaciones de la vida del Buda y sus enseñanzas han subrayado su humanidad y su enfoque racional de los problemas del sufrimiento humano. Muchos especialistas de esta religión han destacado la relevancia de sus enseñanzas respecto a los problemas sociales y éticos del presente. La doctrina budista acerca de la afinidad de todas las cosas vivientes es particularmente aplicable en un mundo enfrentado con problemas de medio ambiente. Los budistas aseguran que su religión puede ser la base de una verdadera sociedad democrática e incluso la base para un mundo en paz.

El énfasis que el budismo hace recaer en la compasión y el conocimiento provee de grandes ideales a cualquier sociedad. A despecho de que uno lleve o no una vida religiosa, las enseñanzas del Buda inducen a pensar y a servir de estímulo para una vida meritoria de preocupación por los demás.

En el discurso de aceptación del Premio Nobel, pronunciado en Oslo, el Dalai Lama recitó una plegaria tradicional. En ella se resumen los altos ideales del budismo:

Por todo el tiempo que el espacio dure,
y el tiempo que los seres vivientes perduren.
Puedo yo también habitar aquí Para disipar la miseria del mundo.

Glosario

Ahimsa: La abstención de hacer daño a cualquier ser viviente.

Amitabha: El bodhisattva cuyo nombre significa "Buda de luz sin límites" y que vive en el paraíso llamado Tierra Inmaculada.

Árbol sagrado: La higuera bajo la cual Gautama meditó antes de alcanzar la Iluminación.

Arhat: Un monje budista liberado de todas las ilusiones y que ha encontrado la iluminación personal.

Avalokitesvara: El bodhisattva que mira a sus devotos con compasión y amor. El bodhisattva más popular.

Bardo: Un alma humana entre los estados de posmuerte y reencarnación.

Bardo Thodol: Nombre tibetano del Libro de los Muertos.

Bhikku o Bhiksu: Monje plenamente ordenado que ha dejado su casa y renunciado a todas sus posesiones a fin de seguir el Sendero del Buda.

Bodhidharma: El legendario monje que llevó el budismo de la India a China en el siglo VI de nuestra era.

Bodhisattva: Un ser al final de las etapas que conducen al estado búdico y que ha hecho votos de ayudar a todos los seres sensibles a alcanzar el Nirvana, o Iluminación, antes de alcanzarlo él mismo.

Buda: El "Iluminado".

Butsu-dan: Altar doméstico del budismo japonés.

Chaitya: Sala para reunión de los monjes en asamblea.

Dharma: La ley de más alto nivel, o doctrina, enseñada por el Buda, consistente en las Cuatro Verdades Sublimes y el Camino Óctuple.

Dhyana: Estado de la mente alcanzado mediante alta meditación.

Dukkha: Sufrimiento, vacuidad, impermanencia.

Hinayana: Literalmente "pequeño vehículo", término utilizado por los mahayanistas para describir anteriores sectas ortodoxas del budismo (escuela del Theravada). Sus escrituras están escritas en pali, antiguo idioma indio. *V. también* Theravada.

Karma: Literalmente, "acto". Un concepto que vincula a sus seguidores a un ciclo indefinido de nacimiento, muerte y reencarnación. Los actos cometidos en la vida determinan la condición del renacimiento.

Koan: Acertijo, cuento o narración corta que utilizan los maestros del Zen para producir en sus estudiantes una súbita percepción.

Lama: Literalmente, "superior". Monje budista del Tíbet.

Limosna: En budismo, el ofrecimiento de alimentos a los monjes en su ronda diaria y la donación de bienes y dinero a los monasterios.

Mahayana: Literalmente, "gran vehículo". Una de las dos grandes corrientes del budismo. El Mahayana se considera el más liberal y práctico. Sus escrituras están en sánscrito. *V. también* Theravada.

Maitreya: Literalmente, "Fraternal". El bodhisattva que encarna las virtudes de compasión y benevolencia.

Manjushri: Literalmente, "Magnífico buen augurio". El bodhisattva que encarna las virtudes de sabiduría y elocuencia.

Mantra: Ritual de sonido, palabra o frase utilizado para evocar un determinado efecto religioso.

Mara: La personificación del mal. El dios de la muerte.

Naturaleza de buda: La naturaleza innata en cada ser sensible. El potencial para alcanzar el estado búdico.

Nirvana: Literalmente, "extinción". El último objetivo de los budistas, caracterizada por la extinción del anhelo y el desprendimiento del ego. El estado de paz y quietud conseguido por la extinción de todas las ilusiones.

Parinirvana: Muerte del Buda.

Samsara: El continuo ciclo de nacimiento, muerte y reencarnación.

Sangha: Reunión organizada de monjes budistas.

Stupa: Cúpula o pagoda, en la cual están depositadas las reliquias sagradas.

Sutta o Sutra: Literalmente, "hilo" o "cuerda". Escritura que contiene las enseñanzas del Buda.

Theravada: Literalmente, "escuela de los Mayores", también conocida por Hinayana. Una de las dos principales corrientes del budismo. El Theravada se considera la forma original y más ortodoxa del budismo. *V. también* Hinayana.

Tipitaka o Tripitaka: Literalmente, "Tres cestos". Según la creencia budista, las escrituras fueron guardadas en tres cestos, dividiendo las enseñanzas del Buda entre el código de disciplina para los monjes, sus sermones y discursos, y la alta doctrina (filosofía budista y psicología).

Urna: Marca en la frente del Buda, entre sus cejas, que significa su gran intuición.

Ushanisha: Protuberancia en la cabeza del Buda que significa su gran sabiduría.

Vihara: Cueva para la residencia de monjes.

Zen o Ch'an: Formas de budismo mahayana en Japón y China, respectivamente.

Bibliografía

Bahm, Archie, J. *The World's Living Religions.* Nueva York: Dell, 1964

Bechert, Heinz, y Richard Gombrich. *The World of Buddhism.* Londres: Thames and Hudson, 1984

Bishop, Peter, y Michael Darnton, eds. *The Encyclopedia of World Faiths,* Nueva York: Facts On File, 1988.

Conze, Edward, ed. *Buddhist Scriptures,* Londres: Penguin Books, 1959.

Dalai Lama. *Freedom in Exile,* Nueva York: Harper Perennia, 1990.

Dalai Lama. *A Policy of Kindness.* Ithaca, N.Y.: Snow Lion Publications, 1990.

DeBary, William Theodore. *The Buddhist Tradition in India, China and Japan.* Nueva York: Vintage Books, 1972.

DeBary, William Theodore, ed. *Sources of Indian Tradition* Vol. 1 Nueva York: Columbia University Press, 1958.

DeBary, William Theodore, Wing-Tsit Chan y Burton Watson. *Sources of Chinese Tradition.* Vol. 1. Nueva York: Columbia University Press, 1964.

Ebrey, Patricia Buckley, ed. *Chinese Civilization and Society. A sourcebook.* Nueva York: The Free Press, 1981.

Hookman, Hilda. *A Short History of China.* Nueva York: New American Library, 1972.

Hoover, Thomas. *Zen Culture.* Nueva York: Random House, 1977.

Mirsky, Jeanette, ed. *The Great Chinese Travelers.* Chicago: University of Chicago Press, 1964.

Murcott, Susan. *The First Buddhist Women.* Berkeley, Calif.: Parallax Press. 1991.

Parrinder Geoffrey, ed. *World Religions from Ancient History to the Present.* Nueva York: Facts On File, 1984.

Rawding, F.W. *The Buddha.* Cambridge, Inglaterra: Cambridge University Press, 1975.

Seoger, Elizabeth. *Eastern Religions.* Nueva York: Thomas Y. Crowell, 1973.

Snelling, John. *The Buddhist Handbook.* Rochester, Vt.: Inner Traditions, 1991.

Stryk, Lucien, ed. *World of the Buddha.* Garden City, N.Y.: Doubleday, 1969.

Índice